novum pro

Klaus Itta

Das Experiment – ein Sprung ins Leben

Eine mehr oder weniger philosophische Erzählung

novum pro

Dieses Buch ist auch als **e-book** erhältlich.

www.novumverlag.com

Bibliografische Information der Deutschen Nationalbibliothek:

Die Deutsche Nationalbibliothek verzeichnet diese Publikation in der Deutschen Nationalbibliografie. Detaillierte bibliografische Daten sind im Internet über http://www.d-nb.de abrufbar.

Alle Rechte der Verbreitung, auch durch Film, Funk und Fernsehen, fotomechanische Wiedergabe, Tonträger, elektronische Datenträger und auszugsweisen Nachdruck, sind vorbehalten.

© 2019 novum Verlag

ISBN 978-3-99064-780-6
Lektorat: Lucy Hase
Umschlagfotos:
Daniil Peshkov | Dreamstime.com
Umschlaggestaltung, Layout & Satz:
novum Verlag

Gedruckt in der Europäischen Union auf umweltfreundlichem, chlor- und säurefrei gebleichtem Papier.

www.novumverlag.com

Inhaltsverzeichnis

Dankeschön 6
Der Krug 7
Das Experiment 11
Die Prüfung 16
Essen 18
Bella Donna 24
Mörderschlange 28
Denkfehler 38
Freundschaft 41
Das Hamsterrad 44
Reise 49
Der Elefant 53
Utopia 58
Es ist unmöglich 70
Krähenruf 84
Die Quelle 88
Textnachweise 98

Dankeschön

Von ganzem Herzen möchte ich mich bei dir bedanken, weil ich mich dir tief verbunden fühlen darf – und wir uns aufrichtig und mit offenem Herzen begegnen. Unsere Freundschaft ist ein unsagbar großes Geschenk für mich. Dankeschön!

Aber auch bei dir möchte ich mich bedanken, da du mich ins Stolpern gebracht, enttäuscht und aus der Bahn geworfen hast. Das hat sehr wehgetan. Es hat mir aber auch für vieles die Augen geöffnet und mich weitergebracht. Dankeschön!

Der Krug

Lukas schlenderte durch die verschneiten Gassen des ersten Bezirks. Auf die Stadt legte sich ein sanfter Schleier aus Abendlicht. Über den Häusern stand hell der Mond. Es war ein großer, voller und klarer Mond. Das Kopfsteinpflaster zeigte an jenen Stellen, die noch nicht von Schnee bedeckt waren, einen feuchten Glanz, indem sich gelblich das Mondlicht widerspiegelte. Straßen, Gassen und Plätze waren eingesäumt von prachtvollen Gebäuden. Sie strahlten Erhabenheit aus. In einigen Bauwerken spiegelte sich das Mittelalter wider; in anderen der imperiale Glanz vergangener Jahrhunderte. Dazwischen Neubauten, mit glatten Flächen aus Glas, Stahl und Beton. Alt und neu störten sich nicht. Sie fügten sich harmonisch ineinander.

An diesem Abend war die Stadt von einer seltsamen Ruhe beseelt. Es war eine dichte Ruhe. Eine Ruhe, die Lukas deutlicher vernahm als sonst. Es war eine Ruhe, die selbst noch den Lärm durchdrang.

Sonderbares Mondlicht. Seltsame Ruhe. Lukas geriet zunehmend in Zweifel, ob er wirklich wach war oder nicht doch vielleicht träumte. Wie um sich seiner Wirklichkeit zu vergewissern, klopfte er im Vorübergehen an einen Laternenmast. Der Stahl war hart und kalt. So hart und kalt, wie er es erwartet hatte. Alles schien normal zu sein. Auch bei längerem Hinsehen verwandelte sich der Laternenmast nicht in ein Monster aus der Unterwelt oder einen Riesenpenis. Er blieb schlicht und ergreifend – eine Straßenlaterne, die oben leuchtet und unten angepinkelt wird.

Äußerlich vermittelte Lukas den Eindruck eines schlanken, aber kräftigen Bauernburschen. Dennoch war schwer zu sagen, ob er nun robust oder fragil wirkte. Irgendwie schien beides gleichzeitig zuzutreffen. Man hätte ihn als einen schon etwas abgehalfterten

Altrocker mit einem gewissen Hang zur Melancholie beschreiben können. Er trug ausgebeulte Bluejeans und eine abgeriebene, braune Lederjacke. Dazu einen langen, grauen Schal. Auf seinem Kopf eine feinmaschige Wollmütze. Ebenfalls grau. Lukas war zu dieser Zeit um die vierzig. Er hatte helle Augen und helle Haare, die ihm bisweilen, sofern er keine Mütze trug, in langen Strähnen ins Gesicht fielen. Seine Haut hatte, obwohl es Winter war, einen dunklen Teint, wodurch die bereits ergrauten Stellen in seinem Fünf-Tage-Bart noch etwas deutlicher zutage traten. Sein Erscheinungsbild, seine Farbe, die Art und Weise, wie er sich bewegte, alles vermittelte den Eindruck, als wäre er nach langer Abwesenheit in seine Heimat zurückgekehrt. Was auch stimmte. Er war, in gewisser Weise, Besucher in der eigenen Stadt. Gefühle von Fremdheit und Vertrautheit vermischten sich zu einer einheitlichen Empfindung.

Über die Straße hinweg – und durch das eigentümlich gedämpfte Stadtleben hindurch – vernahm Lukas einen vertraut klingenden Ruf, der das heimelige Gefühl in seiner Magengrube noch etwas stärker werden ließ. Er drehte sich um und erkannte, im Licht der Straßenlaterne, die Silhouette seines alten Freundes: „Hey Eckhart!", rief Lukas, während er sich daranmachte, ihm mit großen Schritten entgegenzugehen.

„Wie schön dich zu sehen", erwiderte der Freund. „Seit wann bist du wieder hier? Ich habe dich vermisst – du altes Sackgesicht!" Eckhart packte seinen Freund kräftig bei den Schultern und schüttelte ihn zur Begrüßung erstmal herzhaft durch. Dann marschierte er mit ihm entschlossen drauf zu. Unausgesprochen wussten beide, wohin. Lukas wurde es bei dieser herzlichen Grobheit warm ums Herz. „Es ist so einfach", dachte er sich.

Eckhart war ebenfalls von kräftiger Statur, aber etwas kleiner und gedrungener als Lukas. Dennoch hatte er markante Gesichtszüge. Das auffallendste an ihm war jedoch sein kolossaler Schnurrbart. Seine eher groß zu nennende Nase hatte einen leichten Linksknick, was bei flüchtiger Betrachtung aber nicht auffiel. Darauf trug er eine kleine, runde Nickel-Brille. Auf dem Kopf eine Hafenarbeiter-Mütze. An seiner dunkelblauen Seemannsjacke, mit den großen messingfarbenen Knöpfen, war der Kragen hochgestellt. Man hätte ihn für den Trainer einer zweitklassigen Hinterhof-Boxschule halten können.

Bald schon gluckerte der Wein in appetitlichen Wellen zielgenau in ihre Becher. Eckhart ließ den Krug ganz leer laufen und umfasste ihn dabei so stark, dass der Eindruck entstand, er wolle aus ihm gewiss noch den letzten Tropfen herauspressen.

Unterdessen reckte Lukas sich auf, um nach der Servierin Ausschau zu halten, während er den süßlichen Rauch einer kubanischen Zigarre, in einer langen, stromlinienförmigen Schwade, über den Tisch hinweg ausblies. Die Zigarren, die die beiden rauchten, waren ein Mitbringsel von der Reise. Lukas trug sie in einem kleinen passenden Etui bei sich, das sich in der Innentasche seiner Jacke befand. Er bewahrte sie auf, für einen besonderen Moment.

Wie eine zufriedene Raubkatze hing Lukas zwischen den Ästen seines Lehnstuhls und genoss die vitalisierende Anspannung, die seinen Körper durchzog. Seine Augen verengten sich zu einer scharfen Linie und sein Blick fokussierte sich auf die schmiegsamen und wendigen Bewegungen der servierenden Schönheit.

Kraftvoll und anmutig zugleich, beinahe tänzerisch, bewegte sie sich durch die engen Nischen, vorbei an Stühlen und Tischreihen. Das eng um ihre Taille geschnürte Kleid umspielte die verführerischen Linien ihres prallen, aber dennoch schlank zu nennenden Körpers. Die im Verhältnis zu ihrem Körperbau großen Brüste zogen unwillkürlich die Blicke auf sich. Alles an ihr vermittelte Fülle und Überfluss. „Sie kommt mir vor wie ein Versprechen, das Seligkeit garantiert", sagte Lukas. Während Eckhart angestrengt versuchte, mit dem Rauch seiner Zigarre wohlgeformte Ringe in die Luft zu blasen, wozu er aber offenbar nicht das nötige Talent besaß. Es kamen nur unförmige, offene und zerfledderte Gebilde dabei heraus. Selten eine Schwade, die man hätte als Ring durchgehen lassen können.

Während die Erlöserin sich mit leichtfüßiger Beiläufigkeit auf ihren Tisch zubewegte, fiel eine lange dunkle Strähne in ihr hübsches und irgendwie unschuldig wirkendes Gesicht. Lukas richtete seinen Blick auf ihre fruchtigen Lippen und die kleine, neckische Lücke zwischen ihren Schneidezähnen. Je näher sie kam, desto tiefer glitt sein Blick über Nacken, Hals und Schulter, hinab in die hügelige Landschaft praller weißer Haut, um sich schließlich im Tal ihres üppigen Busens zu verlieren. Es war, als würde er ins Zentrum eines mächtigen Strudels geraten. Er musste sich Mühe geben, nicht dauernd hinzuschauen. Aber noch während er dies dachte, ertappte er sich dabei.

Mit einem satten Schlag knallte sie das Tablett auf die massive Kiefernholzplatte und fragte, mit überraschend sanfter Stimme: „Was darf es sein, meine Herren?"
„M... M... M... Milch", drängte es Lukas zu sagen. Aber dann besann er sich, gerade noch rechtzeitig und bestellte – „noch einen Krug Wein."
Als sie, eine Karaffe hinterlassend, wieder hinter Tischreihen und in verwinkelten Nischen verschwand, schaute Eckhart mit weit aufgerissenen Augen in den vor ihm stehenden Krug und bemerkte: „Betrug! Der Krug – er ist nur zur Hälfte gefüllt!"

Das Experiment

Es war der 23. Dezember. Lukas fühlte sich glücklich an diesem Abend. „Das ist Leben!", sagte er sich, während er, getragen von dieser Stimmung, durch die verschneiten Gassen der weihnachtlich geschmückten Altstadt heimwärts spazierte.

Ihm gefiel das knirschende Geräusch des Schnees unter seinen Schuhsohlen. Es hatte einen lustigen Klang. Auf sein Gesicht legte sich ein zufriedenes Lächeln. Im Lichtkegel einer Straßenlaterne beobachtete er, wie unzählige Schneeflocken vom Himmel zur Erde schwebten. Die Reise der kleinen fluffigen Flocken kam ihm unbekümmert vor. Sie sahen heiter aus – als würde es ihnen nicht das Geringste ausmachen, schon bald als knirschendes Geräusch unter seinen Schuhsohlen zu enden. „Nicht schlecht, so ein Schneeflockenleben", dachte er sich. „Sie fallen, tanzen, verschwinden. Kein Drama. Kein Sträuben. Kein Murren." Lukas hörte das Knirschen des Schnees unter seinen Schuhsohlen nun mit ganz anderen Ohren. „Vielleicht murren sie ja doch?"

Zu Hause angekommen legte er ein paar Holzscheite in den Kaminofen und entfachte ein Feuer. Nachdem er die Jacke ausgezogen und sich von den halbnassen, knöchelhohen Lederstiefeln befreit hatte, setzte er sich vor das wärmende Kaminfeuer. Für Lukas war der Ofen das Herzstück seiner Wohnung. Es war ein Kaminofen der Marke Justus, mit einer Verkleidung aus Stahl und Speckstein. Seit jeher war es sein Traum gewesen, eine Feuerstelle in seiner Wohnung zu haben. Nun hatte er sich diesen Traum erfüllt und ihn in seinem Leben installiert. Genauer gesagt, in seiner Küche.

Für gewöhnlich schaute Lukas lieber in den Ofen als in die Glotze. Er konnte stundenlang damit zubringen, das Lodern der Glut und das Züngeln der Flammen zu betrachten. Bisweilen kam er dem Feuer so nah, dass die Haut auf seinem Gesicht sich zu verspannen begann und eine tiefrote Farbe annahm.

Durch die offene Luke beobachtete er, wie das Holz Feuer fing und die Flammen sich danach verzehrten. In ihrem Flackern leuchteten die Erinnerungen des Abends noch einmal lebhaft auf. Er sah darin die servierende Schönheit – wie ihr eine lange, dunkle Strähne ins Gesicht fällt und sie ihn anlächelt. Es war ein argloses Lächeln. Lukas wurde warm ums Herz, indem er an sie dachte und sich an ihre klare und sanfte Stimme erinnerte.

Mit der Zeit loderten auch zahlreiche Bilder der Vergangenheit und fantastische Vorstellungen von der Zukunft farbenfroh vor sich hin. Langsam, langsam begann Lukas sich in der Betrachtung des aufkeimenden Feuers zu verlieren. Es wurden Szenen lebendig, die ihn bewegten, berührten und erfreuten, ihm ein Lächeln ins Gesicht zauberten und ihm Tränen in die Augen rührten. Ihm war, als würde sich sein ganzes mögliches und wirkliches Leben mit dem Feuer verbinden und darin aufzüngeln.

Eine unbestimmte Weile lang kam er sich selbst vor wie ein flackerndes Lichtlein, das dem Wind trotzt.

Neben all den schönen Erinnerungen begannen allmählich auch jene zahlreichen Momente aufzuleuchten, die er hatte achtlos und verschlossen an sich vorüberziehen lassen, weil er zu besorgt, zu zerstreut und zu ängstlich war – zu bekümmert um Dinge, die ihm jetzt unbedeutend vorkamen. Momente, in denen er blind war für die Schönheit eines Ofenfeuers oder das zerberstende Knirschen des Schnees unter seinen Schuhsohlen. Momente, in denen er sich getrieben fühlte und einsam durch eine kalte Nacht lief, um Menschen zu entfliehen, denen er distanziert und zugeknöpft gegenüberstand, sodass ihm die Flucht in die stockfinstere Nacht wie eine Befreiung vorkam.

Er schaute auf die Uhr. Es war fast Mitternacht. „Es ist verwunderlich", dachte er, „es sind wohl diese alltäglichen Momente, die meist unscheinbar an mir vorübergezogen sind, die aber ganz eigentlich das Leben ausmachen. Wenn ich offen bin für diese scheinbar banalen Augenblicke, dann füllt sich das Leben mit Leben. Aber warum ist das so schwierig? Was hindert mich daran, empfänglich für diese Gegenwart zu sein? Wie wäre es", schoss es ihm in den Kopf, „wenn ich wüsste, dass ich nur noch ein Jahr zu leben hätte? Wäre ich dann aufmerksamer, offener – dankbarer gegenüber den kleinen und großen Freuden des Lebens? Würde ich mein Leben anders leben?

Wie wäre es, wenn ich wüsste, dass ich tatsächlich am 23. Dezember, um Mitternacht des nächsten Jahres, sterben würde?" Bei diesem Gedanken fröstelte ihm. Er legte ein weiteres Scheit nach. Lukas begann auf seinem Küchenstuhl hin und her zu rutschen und sich aufzurichten. Die Vorstellung, in absehbarer Zeit nicht mehr da zu sein, ließ ihn unbehaglich fühlen. Reflexartig wollte er sich von diesem Gedanken abwenden. Er beschloss jedoch diesem Reflex nicht nachzugeben und stattdessen den Gedanken weiter auf sich wirken zu lassen.

Alsdann begann sich Unmut in ihm auszubreiten – Unmut über den Unfug seines bevorstehenden Todes. Die Möglichkeit, in absehbarer Zeit nicht mehr da zu sein, empfand er als Zumutung. Er bemerkte, wie er sich dagegen auflehnte. „Gibt es denn keinen verantwortlichen Leiter, bei dem ich mich beschweren kann? Niemanden, an den ich mich richten kann mit meiner Klage? Gibt es denn – in Gottes Namen – keinen obersten Gerichtshof, der mich begnadigen könnte? Keinen, der mir diesen letzten Gang abnimmt oder mich zumindest durch ihn hindurch begleitet?"[1] Über diese Einfälle den Kopf schüttelnd dämmerte ihm, dass er mit diesem Problem wohl ganz auf sich alleine gestellt war. Obwohl alle Menschen vor demselben Problem standen und ihm durchaus klar war, dass „man" halt irgendwann sterben muss. Die Vorstellung jedoch, dass ganz gewiss sein eigener höchstpersönlicher Tod ihn künftig seiner eigenen Existenz berauben würde – das fand Lukas schon sehr krass.

---

1 In Anlehnung an Sören Kierkegaard: Die Wiederholung/Drei erbauliche Reden. 1843 erschienen.

Im Allgemeinen war er es gewohnt, die Probleme, die sich ihm stellten, unter Aufbietung seiner durchaus komfortablen Ausstattung an Fähigkeiten und Kräften, zielstrebig und effektiv lösen zu können. Nun jedoch fühlte er sich ohnmächtig. „Ich kann Sport treiben, Geld verdienen, studieren und Gemüse essen soviel ich will, aber dem Faktum des bevorstehenden Todes kann ich nicht entrinnen. Ich kann aufhören zu rauchen, keinen Alkohol mehr trinken, unnötige Risiken vermeiden und eine Lebensversicherung abschließen, aber an diesem zukünftigen Ereignis zerbricht all mein Können, Wollen und Machen. Gibt es denn gar keinen Ausweg – verdammte Scheiße noch mal?!"

„Nein!", hallte es in seinen Gedanken nach. „Ich kann zwar nicht wissen, ob oder wie es nach dem Tod mit mir weitergehen wird – aber mit meinem Dasein, in diesem Körper und in dieser Welt wird es gewiss zu Ende gehen."

Lukas beschloss diesem Gedanken noch weiter standzuhalten. Als Nächstes bemerkte er, wie sich Wut in ihm zusammenbraute. Eine Wut über all die scheinbaren Wichtigkeiten, Verantwortungen und Verpflichtungen, die ihm das Leben schwermachten und seinen Geist verstopften. Er nahm in sich ein Aufbegehren gegen diese bedrückenden Kräfte wahr – und entwickelte ein Gefühl der Abscheu gegen das fortwährende Sorgen und Ängstigen und all das, was seinem Leben Schwere verlieh. „Das zieht mir die Vitalität aus den Knochen; und ein Großteil der Sorgen, Verpflichtungen und Ängste dreht sich um Dinge, die mir – mit Abstand betrachtet – als nicht besonders bedeutungsvoll vorkommen."

Lukas beschloss den Gedanken noch länger auf sich wirken zu lassen – bis er schließlich entdeckte, wie der Groll einem Gefühl tiefer Traurigkeit wich. Eine Trauer um all das ungelebte Leben, das er aus ebenjener Angst oder Zerstreuung oder bloßer Achtlosigkeit hatte an sich vorüberziehen lassen. „Dieses ewige Sich-Sorgen-Machen und Grübeln ist lebensfeindlich", sagte er sich – und verspürte den auflodernden Ansporn, diese Zumutungen endlich abzuschütteln. Er empfand eine unbändige Sehnsucht nach Leben und bemerkte, wie sich in ihm ein Wille befeuerte, der alles tilgen wollte, was nicht Leben war.

Nachdem Lukas sich eine zeitlose Weile diesen Betrachtungen und Empfindungen hingegeben hatte, tauchte er mit einer klar vor Augen stehenden Einsicht wieder auf: „Dieses Experiment besitzt eine ungeheure Sprengkraft", dachte er. „Es mag absurd klingen, aber auch wenn der *physische Tod* mich meines körperlichen Daseins berauben wird, kann die *Idee des Todes* mir das Leben retten! Dieses Experiment könnte die Macht besitzen, mich aus meiner Lebenslähmung zu befreien – und mich lehren, was wirklich Beachtung finden soll. Im Vollzug dieses Experiments könnte ich den Mut entwickeln, die dafür notwendigen Entscheidungen zu treffen. Ich will dieses Experiment eingehen. Ich will so leben, als hätte ich die Gewissheit, in exakt einem Jahr zu sterben. Am Heiligen Abend des nächsten Jahres soll es vorbei sein.

Dieses Abenteuer soll jedoch kein Tanz in den Tod sein, sondern vielmehr ein Tanz mit dem Tod – ein Sprung ins Leben!"

Die Prüfung

Obwohl es immer noch Winter war, wärmte die Sonne schon so kräftig, dass Lukas sich draußen vor dem Café einen Platz suchte. Er setzte sich an einen der schlichten, aber elegant wirkenden Kaffeehaustische.

Der Aluminiumstuhl, auf dem er Platz nahm, behagte ihm sofort. „Ein vorzüglicher Platz, um Löcher in die Luft zu gucken und nichts zu tun", befand er, sichtlich zufrieden. Ein aufgescheuchter Krähenschwarm überquerte krächzend den stahlblauen Winterhimmel. Lukas schaute ihm hinterher, bis das „Krah, Krah" nicht mehr zu hören war.

Das Gemurmel der Leute und das Springen und Toben der Kinder, die kreuz und quer über den Platz liefen – all das klang in seinen Ohren wie das lebhafte Rauschen eines geschwätzigen Baches, der heiter und unbeschwert vor sich hinplätschert.

Als er seinen Blick über das quirlige Getümmel schweifen ließ, blieb er unvermittelt an einem dunklen Rossschweif hängen und konnte sich kaum mehr von dort fortbewegen. „Da ist sie ja wieder", bemerkte er sofort. Lukas stellte fest, wie sich ein warmes Gefühl in seiner Brustgegend auszubreiten begann. Sein Herz begann schneller und lauter zu schlagen.

Es waren eindeutig ihre seidenschwarzen Haare, die in der Sonne glänzten. „Sie ist unfassbar schön", hörte er sich selbst sagen. Und da es ihm nicht so vorkam, als hätte er eine andere Wahl, stand er ohne zu zögern auf und ging direkt auf sie zu. Ganz entgegen seiner Gewohnheit, ohne einen einzigen abwägenden Gedanken.

„Wow – bei Tageslicht bist du ja noch schöner", entglitt es ihm.

Nachdem er das gesagt hatte, fühlte er sich – als wäre er, an einem Bungee-Seil befestigt, in einen Abgrund gesprungen – unsicher, ob das Seil halten würde.

Nicht ohne überrascht zu sein, blickte sie von ihrem Smartphone auf und sagte, ohne lange zu zögern: „Ach, du bist das. Setz dich doch zu mir!" Sie schien erfreut und lächelte einladend.

„Gott sei Dank, das Seil hält", dachte Lukas. Er spürte, wie ihn der imaginäre Gummizug zurück in ein prickelndes Wohlempfinden zog. Als er sich gesetzt und sie sich mit ihren Vornamen vorgestellt hatten, fing sie jedoch an Dinge zu reden und Fragen zu stellen, die er nicht verstand. So viel Mühe er sich auch gab, es gelang ihm nicht, auch nur etwas halbwegs sinnzusammenhängendes aus ihrem Gerede herauszuhören. Nach einer mühsamen Dreiviertelstunde war der arme Lukas zutiefst verwirrt und bedauerte sein beherztes Vorgehen. „Sie muss verrückt sein", dachte er und machte sich vorsichtshalber daran, aufzustehen, um zu gehen.

„Warum willst du gehen? Bleib doch noch einen Moment. Ich lade dich ein." Also blieb Lukas noch einen Moment und sie lud ihn ein. Sie hörte jedoch nicht damit auf, ihm weitere wirre Dinge zu erzählen – und das ließ ihn noch mehr zweifeln. Schließlich sagte er: „Vielleicht reut es dich jetzt, liebe Lara, dass du mich eingeladen hast, aber ich habe nicht den Eindruck, dass wir uns gut verstehen, denn ich weiß gar nicht, wovon du redest." Und während Lukas das sprach, machte er sich abermals daran, aufzustehen. Dann jedoch, noch bevor er weiterreden und vollends aufstehen konnte, langte sie in einer flinken Bewegung über den Tisch und griff, mit sanftem Druck, nach seinem Arm: „Aber bleib doch noch, das war ja nur eine Prüfung. Wer nicht versteht, der hat die Prüfung bestanden."

Essen

„Was für wunderschöne Hände", dachte Lukas. Dann versanken ihre filigranen Finger in der rötlichgelben Masse aus Reis und indischem Curry. Lara formte daraus eine nach Kardamom, Ingwer und Kreuzkümmel duftende Kugel und schob sie sich genüsslich in den Mund. Dabei neigte sie ihren Kopf, in einer natürlichen Bewegung, leicht zur Seite. Ihr langes, dunkles Haar fiel ihr dabei in feinen Strähnen ins Gesicht. Das übrige Haar wurde von einer Spange locker zusammengehalten.

„Lara hat etwas Wildes an sich, aber auch etwas Vornehmes. Irgendwie beides gleichzeitig", dachte er – und beobachtete, wie sie sich eine weitere duftende Kugel formte, die, nebenbei bemerkt, farblich ausgezeichnet zu ihrem Kleid passte. Lukas überlegte sich, ob dies Zufall war oder ob sie ihre Kleiderauswahl womöglich auf die zu erwartende Farbe des Currys abstimmte. Er kam zu keiner abschließenden Antwort, wollte aber auch nicht nachfragen. Jedenfalls gefiel ihm das dunkelblaue Kleidchen, mit den kleinen gelben und roten Blümchen darauf, sehr. Es fiel weich und geschmeidig über ihren schönen Körper. Ihre Haut glänzte darunter wie Porzellan – wie poliertes, milchkaffeebraunes Porzellan. Natürlich war Lukas nicht überrascht, dass auch hierin ihre wohlgeformten Brüste sehr vorteilhaft zur Geltung kamen. Er gab sich jedoch Mühe, sich nicht allzu sehr davon ablenken zu lassen.

Um sich über seine Busenfixierung hinwegzuhelfen, dachte er sich ein Thema aus, das ihn einerseits ablenken, andererseits die Unterhaltung auf interessante Weise in Gang bringen sollte. „Weißt du, dass ein Mensch im Durchschnitt dreizehn bis siebzehn Jahre seiner Lebenszeit mit Essen verbringt?", fragte Lukas, weil er das kürzlich irgendwo gelesen hatte und ihm dies wie ein passender Aufhänger für eine kleine Plauderei vorkam.

„Puh – Das ist echt viel", entgegnete Lara, mit einem zwar nicht überwältigten, aber doch interessierten Klang in ihrer Stimme, der begleitet war von ihrem fast schon obligatorisch-herzerfrischenden Lächeln. „Ja, aber da ist dann echt alles dabei – vom Austernessen bis zum Leichenschmaus", fuhr Lukas fort, der sich immer sehr wohl damit fühlte, wenn er Lara zum Lächeln bringen konnte. Was ihm jedoch nicht besonders schwerfiel. Viel schwieriger, so schien es ihm, wäre es, etwas zu sagen oder zu tun, worauf sie nicht mit einem Lächeln oder Lachen reagierte.

„Ich glaube, dass es eine tiefe Verbindung gibt zwischen der Nahrungsaufnahme und dem Liebesspiel." Lara sagte diesen Satz mit einer verführerischen Flüsterstimme. Dass sie dabei ebenso verführerisch lächelte, muss wohl kaum eigens erwähnt werden.

„Meinst du?", fragte Lukas knapp, im Bemühen, nicht allzu erregt zu wirken.

„Aber ja – manche leben enthaltsam, andere verlieren sich in zügelloser Lust. Das gilt für das Essen genauso wie für das Liebesspiel. Findest du nicht?"

„Hm – klingt nach Religion", entgegnete Lukas, im Versuch, das Thema auf ihm vertrautes Terrain zu lenken. Denn Lukas hatte ein ausgeprägtes Interesse an Religion. Auf der Liste seiner persönlichen Lieblingsthemen rangierte es weit oben. Also fuhr er fort: „Warum auch nicht. Der aufgeklärte Mensch von heute isst ja nicht einfach nur kein Fleisch, sondern er ist Vegetarier oder Veganer, so wie man früher Katholik oder Protestant war."

„Für mich ist Essen etwas durch und durch Erotisches", entgegnete Lara, indem sie locker über seine kleine Themenverschiebung hinwegsprang. „Tisch und Bett stehen bei mir dicht beieinander." Indem sie das sagte, zog sie ihre Augenbrauen verheißungsvoll nach oben und deutete, mit einer leichten Kopfbewegung, in das benachbarte Schlafzimmer. Lächelnd, versteht sich.

Lukas' Interesse an theologischen Fragestellungen war auf einen Schlag verschwunden. Er konnte kaum glauben, dass er es so nah an ihr Allerheiligstes gebracht hatte. Hinter der weit aufgesperrten Schlafzimmertür erblickte er ein gigantisches Bett, dem er schon ansehen konnte, dass es gut roch. Eingerahmt vom Schein umherstehender Kerzen kam es ihm vor wie ein Altar der Lust. Auf den orientalisch anmutenden Kissen und bordeauxroten Laken konnte er Laras Anwesenheit regelrecht spüren.

In diesem Moment hüpfte Laras glänzend schwarze Katze, in einem geschmeidigen Satz, auf das Fußende des Bettes, um sich hoheitsvoll darauf niederzulassen – ganz so, als wäre sie die Königin der Nacht, die mit halb geschlossenen Augen, aber wacher Aufmerksamkeit die Geschehnisse des Abends verfolgte. Sie sondierte die Situation und schien zu überlegen, was sie als Nächstes tun sollte. Da ihr nichts in den Sinn kam, unternahm sie gar nichts.

„Wahrscheinlich", so dachte Lukas, „hält sie sich nicht für eine gewöhnliche Katze, sondern für ein besonders Wesen, das in keine Schublade gesteckt werden will; für eine Art Über-Katze, die das Kommen einer gänzlich neuen Katzengattung ankündigt."

„Darf ich vorstellen – das ist Martina", unterbrach Lara Lukas' Gedanken zur Katze, als sie bemerkte, dass er sich für Martina zu interessieren begann.

„Martina – echt jetzt?", entgegnete Lukas ungläubig. Martina mochte kein besonders origineller Name für ein Menschenkind sein. Für eine Katze jedoch schon. „Ich hätte es wissen müssen", sagte Lukas. „Mit einem normalen Katzennamen wäre Martina sicher nicht einverstanden gewesen. Dagegen hätte sie protestiert. Da bin ich mir sicher. Hätte ich aber raten müssen, würde ich auf den Namen Kleopatra getippt haben – oder auf Sphinx. Irgend so was in der Art. Das wäre mir passender vorgekommen."

„Na ja, damit hast du wahrscheinlich Recht, aber hinter der Namensgebung steckt eine Geschichte." Nachdem Lara das gesagt hatte, nippte sie an ihrem Weinglas. Sie nahm nur ein ganz kleines Schlückchen – und bevor sie den Wein hinunterschluckte, behielt sie ihn noch für einen Moment im Mund. Dabei schaute sie in das Glas. So, als ob etwas Bedeutsames darin passierte.

„Das denke ich mir", hakte Lukas neugierig nach. „Magst du mir die Geschichte erzählen?"

„Mit Martina verhält es sich so", setzte Lara zu erzählen an: „Ich hatte einmal eine Frau Nachbarin, die Martina hieß. Wahrscheinlich heißt sie heute noch so, aber wir haben uns aus den Augen verloren. Und man kann ja nie wissen. Jedenfalls hatte diese Martina eine Hündin. Genaugenommen eine schon etwas in die Jahre gekommene Labrador-Dame. Ein gutmütiges Tier. Und diese Hündin nun wurde von Martina, der Nachbarin, auf den Namen Lara getauft. Findest du das nicht krass?" Ohne eine Antwort abzuwarten, fuhr sie mit ihrer Erzählung fort: „Zwar hatte die Nachbarin die Hündin schon so genannt, bevor sie mich kannte, aber dennoch habe ich mir Rache geschworen und mir vorgenommen, dass ich – falls ich je eine Katze haben sollte – diese Martina nennen würde."

Lukas entging nicht, dass sich bei Lara ein selbstzufriedenes Siegerlächeln zeigte. Eigentlich war es weniger ein Lächeln als vielmehr ein Grinsen. Ein Grinsen, das man fast schon hätte als fies bezeichnen können. Von der Unschuld ihres üblichen Lächelns war kaum mehr etwas vorhanden. „Wo ist nur ihre engelhafte Unschuldsmiene geblieben?", fragte er sich, während er einzuordnen versuchte, ob er diese kleine Geschichte nun eher als harmlose Anekdote oder doch als etwas verrückt einstufen sollte. Hätte sie nicht dieses fiese Grinsen gezeigt, wäre ihm die Geschichte eindeutig als süß durchgegangen, aber so wusste er nicht genau.

„Auf jeden Fall", fuhr Lara fort, „isst Martina für ihr Leben gerne indisches Curry. Genau wie ich." Daraufhin roch sie genussvoll an ihren zierlichen Fingerspitzen und meinte: „Meine Finger werden noch übermorgen nach diesem Curry duften." Während sie das sagte, legte sich wieder das Unschuldslächeln auf ihr Gesicht. Aber es war nicht das reine Unschuldslächeln. Diesmal schimmerte auch etwas Frivoles mit durch. Es war zwar sehr süß, aber auch scharf. Und es hatte eine hohe Intensität. Lukas war geradezu überwältigt davon, wie es Lara schaffte, ihr Lächeln auf ganz natürlich wirkende Weise an die unterschiedlichsten Situationen anzupassen. Aber er war auch drauf und dran, sich hoffnungslos in sie zu verlieben. Und so suhlte er sich mit Wonne in der Wohlfühlatmosphäre, die sie, durch ihre warme und herzliche Art, um sich herum zu verbreiten vermochte.

Lara war, wenn sie nur wollte, in der Lage, eine Stimmung zu erzeugen, in der man sich vorbehaltlos angenommen und geliebt fühlen konnte. Sie verhalf einem, sich wie jemand Wichtiges und Besonderes zu fühlen. Vielleicht so, wie man es in einer überaus gelungenen Sitzung mit einer spirituellen Heilerin erleben konnte. Nur mit dem Unterschied, dass man sich bei Lara nicht als Patient oder unerleuchtetes Wesen fühlen musste – und sie einen nicht dafür zur Kasse bat. Die meisten Menschen, die mit ihr zu tun hatten, fühlten sich deswegen vermutlich sehr wohl in ihrer Gegenwart. Ob Lara sich selbst in ihrer Rolle als liebenswürdiger Sonnenschein wohlfühlte, das wusste niemand so genau – aber zumindest sah es danach aus.

Nun leckte Lara sich genussvoll Zeige- und Mittelfinger der rechten Hand ab und streckte sie, in einer behutsamen Bewegung, Lukas direkt unter die Nase. „Riech doch mal!", sagte sie sanft. Und Lukas sog den Duft solange in sich hinein, bis sie ihre Fingerkuppen, in einer zärtlichen Bewegung, langsam über seine Lippen gleiten ließ.

„Wenn ich esse, zweifele ich nicht, sondern bejahe die Welt. Ich bejahe die Welt, indem ich sie in mich aufnehme – und ich habe Hunger auf die Welt. Ich bin hergestellt aus Essen. Ich habe es in mich aufgenommen und es verwandelt. Ich bin sozusagen – verzaubertes Essen – verstehst du, was ich meine?"

„Wow", entglitt es Lukas. Seine Handflächen wurden feucht und das Herz schlug ihm spürbar bis zum Hals. Während sie aß oder sprach, konnte er nicht anders, als die Bewegungen ihres sinnlichen Mundes zu beobachten, der ihm geheimnisvoll und einladend zugleich vorkam. Wie ein paradiesischer Garten voller verbotener Früchte, von denen er sich sehnlichst wünschte zu naschen.

„Ich mag die Feuchtigkeit und die Hitze beim Braten, Kochen und Backen", fuhr sie fort. „Ich mag die Küche – diesen magischen Ort der Alchemie. Am meisten aber liebe ich meinen Ofen. Er ist wie eine Gebärmutter, die das Fleisch in sich aufnimmt und reif werden lässt. Besonders gerne habe ich Spargel in meinem Ofen. Und – was hast du gerne?"

„Spargel … im Ofen … lecker", stammelte Lukas. Und für Martina, Lara und Lukas war klar, wo dieses Gespräch noch hinführen sollte.

Bella Donna

Lukas hatte bislang kein ausgeprägtes Interesse daran gehabt, eine ernste Beziehung einzugehen. Zumindest keine, die ein Ehe- oder Familienleben zum Ziel hatte. Die Verantwortungen und Verpflichtungen und die kaum zu vermeidenden Konflikte, die notgedrungen damit einhergingen – all das schien ihm nicht besonders erstrebenswert. Mit diesen komplizierten Dingen, die ihm die Ruhe und den inneren Frieden raubten, wollte er sich möglichst nicht belasten. Und so hatte er in seinem bisherigen Leben allzu einengende Bindungen, so gut es ging, vermieden. Dennoch wäre es falsch, Lukas und die Beziehungen, die er pflegte, als oberflächlich zu bezeichnen. Die Option oberflächlich zu sein stand ihm im Grunde nicht einmal richtig zur Verfügung. Etwas mehr Oberflächlichkeit hätte ihm sogar ganz gut zu Gesicht gestanden. Denn Lukas war ein Mensch mit fast schon zu viel Tiefgang. Es war bloß so, dass er sich davor fürchtete, allzu abhängig, manipulierbar und verletzbar zu sein. Deshalb hatte er nie geheiratet und es vermieden, eine Familie zu gründen, obwohl er Kinder an sich sehr gerne mochte.

Auf diese Weise hatte er sich, einigermaßen zufriedenstellend, in einem selbstgenügsamen Lebensentwurf eingerichtet. Bisweilen fühlte er sich zwar ein wenig einsam, aber er war bereit, dies als zugehörige Kehrseite seines Lebens in Kauf zu nehmen. Außerdem hatte er ein tragfähiges soziales Netz, bestehend aus einigen Freundinnen und Freunden; gelegentlichen Liebesbeziehungen; angenehmen beruflichen Kontakten und zahllosen lockeren Bekanntschaften, die ihm halfen sich nicht in Einsamkeit zu verlieren. Darüber hinaus pflegte er eine recht enge Verbindung zu seiner Familie, die weniger als eine halbe Tagesreise von ihm entfernt wohnte. Sein Bruder, seine Schwester und die noch lebende Mutter. Besonders verbunden fühlte er sich jedoch seinen beiden Patenkindern. Kurzum, er war mit seinem Leben zufrieden. Es ging ihm, so befand er, gut genug – und phasenweise noch besser.

Nun aber schien sein friedliches Leben an einigen Stellen aus den Fugen zu geraten, denn Lara mit dem Engelsgesicht hatte auf wundersame Weise etwas in seiner Seele angerührt. Er fühlte sich magisch zu ihr hingezogen, war sich zugleich aber unsicher, ob er ihr, beziehungsweise den Gefühlen, die sie in ihm auslöste, gewachsen war. Eine Wahl hatte er aber ohnehin nicht mehr. Er war ihr bereits verfallen. Sie raubte ihm den Verstand – und teilweise auch den Schlaf.

„Heute Nacht habe ich kaum ein Auge zugemacht", sagte Lukas. „Ach ja?", entgegnete Eckhart, als er mit einer lang ausholenden Armbewegung dazu ansetzte, einen Zweig zu werfen, den er kurz zuvor vom Wegrand aufgelesen hatte. Er warf ihn kräftig und verfolgte seine Flugbahn aufmerksam. Zu seinem Erstaunen flog der Zweig überraschend zielgenau durch die angepeilte Astgabel hindurch und verschwand, mit einem Rascheln, im Gebüsch.

„Ich lag da wie jeden Abend", fuhr Lukas fort, „aber alles Liegen half nichts. Der Schlaf konnte mich nicht finden. Immerzu musste ich an Lara denken. Meine Gedanken kreisten um sie und kamen nicht zur Ruhe. Ich fühlte mich aufgekratzt wie nach fünf Tassen Espresso. Erst als es Morgen wurde, trat der Schlaf seinen Dienst an. Dann ging es nicht lange und ich träumte von ihr."

„Was hast du denn geträumt?", hakte Eckhart interessiert nach.

„Ich träumte, in einer wilden Naturlandschaft umherzuwandern. Ohne Orientierung. Zumindest ohne ein bestimmtes Ziel vor Augen. Zunächst ging ich über Wiesen, mit kniehohem Gras; dann watete ich durch einen kleinen Bach, stampfte durch sumpfiges Gelände und gelangte schließlich, nachdem ich tief in einen dichten Wald gedrungen war, an eine mächtige Felsenwand, die den Fuß eines gigantischen Berges markierte. Ich schaute an der Felsenwand empor, um zu sehen, wie hoch sie war, aber ich konnte es nicht erkennen. Sie ragte so weit in die Höhe, dass ihr Ende in den Wolken lag. Ich blickte weiter um mich und entdeckte, nur ein paar Meter von mir entfernt, einen gut zugänglichen Höhleneingang, der in eine weitläufige Höhle führte. Ich drang in sie ein und blickte in den Innenraum der Höhle. Obwohl es dunkel war, konnte ich sehen. Der Raum der Höhle war von gewaltigem Ausmaß und schwindelerregend hoch. Hoch wie eine Kathedrale. Mich überkam ein Gefühl ehrfürchtigen Staunens. Als ich weiterging, stieß ich auf ein Wasserbecken. Ein großes Wasserbecken – oder vielmehr ein kleiner See. Ohne lange zu zögern, ließ ich mich lustvoll in das kühle Becken gleiten und durchschwamm es bis zum anderen Ufer."

Eckhart spitzte die Ohren, denn er mochte Lukas' Träume und die Art und Weise, wie er seine Träume erzählte. Außerdem bemerkte er, dass es hier um etwas ging, das Lukas ganz besonders am Herzen lag – weshalb Eckhart seine Ohren auch ganz besonders spitzte.

„Was mich dort mit voller Macht anzog", fuhr Lukas mit Aufregung in seiner Stimme fort, „war eine hohe, lichtblaue Blume, die mich mit ihren breiten, glänzenden Blättern berührte. Rund um sie herum standen unzählige andere Blumen, von allen Farben; und der köstliche Geruch ihrer Blüten erfüllte die warme Luft im feuchten Innenraum der Höhle. Ich aber sah nichts als diese blaue Blume. Ich betrachtete sie lange und fühlte mich von ihr angezogen. Und in dem Moment, als ich mich ihr annäherte, fing auch sie an sich zu bewegen und ihre Gestalt zu verändern. Ihr Stängel wuchs und ihre Blätter begannen zu glänzen und sich zu spreizen. Schließlich neigte sie sich zu mir hin und ihre Blütenblätter zeigten einen blauen, ausgebreiteten Kragen, in welchem ich Laras Gesicht erkennen konnte. Mein Verlangen nach ihr wurde groß und größer. Aber dann, als sie ihren Mund öffnete, um mich zu küssen, stellte sich mir der Atem ab. Und je länger wir uns küssten, desto mehr schnürte es mir die Luft ab. Ich versuchte zu atmen – war aber kaum mehr dazu in der Lage. Ich wollte, aber ich konnte nicht. Ich drohte zu ersticken. Schließlich erwachte ich – atemlos und unfassbar betört.[2]

---

2 In Anlehnung an Novalis: Heinrich von Ofterdingen. 1802 erschienen.

Heute nun habe ich den größten Teil des Tages damit verbracht, über diesen Traum nachzudenken. Mein Verlangen nach Lara ist schön; aber es ist auch schlimm."

„Also ganz schön schlimm", fügte Eckhart lächelnd hinzu, weil er sich an dieser kleinen Wortwitzigkeit freute.

„Ja Mann", sagte Lukas – dem diese hübsche Stimmigkeit zwar auch aufgefallen war, der sich aber weniger daran erfreute. „Ich grüble mich noch zu Tode darüber, wie ich meine Sehnsucht nach Lara in den Griff bekommen kann."

Darauf sagte Eckhart – wie so oft – erst einmal gar nichts.

Nach einer schönen Weile jedoch – es dämmerte schon – zeigte er auf eine Pflanze am Wegesrand und fragte: „Was ist denn das für ein Gewächs?"

Lukas, der Eckhart immer wieder damit zum Staunen bringen konnte, dass es kaum etwas zu geben schien, womit er sich nicht auskannte, antwortete: „Das ist eine Bella Donna. Die tötet jeden, der ihre Blätter isst."

„Hm", brummte Eckhart, bevor er mit Bedacht sagte: „Sie wird doch bestimmt niemandem schaden, der sie nicht aufessen will. Wer sich bloß an ihrem Duft erfreut … und Gefallen daran findet, sie wachsen und erblühen zu sehen, dem kann sie doch bestimmt nicht schaden."

Mörderschlange

Woche um Woche freute sich Lukas auf diese Treffen. Er freute sich auf die guten Gespräche, das frische Gebäck und den heimeligen Duft von Kaffee, der aus dem Mokkakocher aufstieg und sich dampfend in der Küche verbreitete.

Während des Frühstücks kippelte Eckhart auf seinem Stuhl. Das machte er oft. Auch im Büro oder auf Konferenzen. Umgekippt war er dabei noch nie. Körperbeherrschung. In behutsamen Pendelbewegungen wippte er über die hinteren Stuhlbeine und empfand dabei ein wohliges Kribbeln in seinem Unterbauch. Dadurch konnte er einen Punkt in seiner Körpermitte massieren, den er sonst nie zu spüren bekam. Da sich das äußerst angenehm anfühlte, versuchte er diesen kitzelnden Schwebezustand solange wie möglich aufrechtzuerhalten. Wenn er aber seine Butterbrezel in die große gelbe Porzellantasse tunkte oder zu einer längeren Antwort ansetzte, ließ er den Stuhl auf allen vieren zur Ruhe kommen. Er setzte ihn sorgsam ab. Nahezu geräuschlos und ohne zu rumpeln. Wie ein geübter Jumbo-Pilot, der seine Boeing 737 sachte zu Boden bringt.

Während sich Eckhart auf diese Weise mehrmals zwischen Start, Kipppunkt, Landung und Butterbrezel hin und her bewegte, hing Lukas wie ein Fragezeichen in seinem Lehnstuhl und verdrückte ein Laugencroissant nach dem anderen. Er hatte es längst aufgegeben, auch nur den Versuch zu unternehmen, sich nicht mit herunterfallenden Bröseln zu bebröseln. Schließlich räusperte er sich und sagte: „Es sind noch 256 Tage. Meine Zeit läuft ab, wie Sand in einem Stundenglas. Ich denke darüber nach, was ich mit meinem Leben sinnvollerweise noch anstellen könnte." Nach einer kurzen Pause fügte er hinzu: „Ich glaube, ich sträube mich gegen die Möglichkeit vom Ende aller Möglichkeiten."

„Hm. Interessante Formulierung", entgegnete Eckhart. „Die Möglichkeit vom Ende aller Möglichkeiten."

„Danke. Stammt aber nicht von mir. Martin hat das gesagt – so ähnlich zumindest. Er meinte, dass der Tod eine dauernd drohende Möglichkeit der Unmöglichkeit der Existenz ist."[3]

„Eine andauernd drohende Möglichkeit der Unmöglichkeit der Existenz", wiederholte Eckhart langsam und sichtlich bemüht, sich den Inhalt dieser Aussage zu erschließen. Dann gähnte er. Nicht aus Desinteresse, sondern einfach weil er musste.

„Ich frage mich", fuhr Lukas fort, „was wäre der Sinn von allem, wenn die Möglichkeit vom Ende aller Möglichkeiten Wirklichkeit würde?"

„What?", entfuhr es Eckhart, verständnislos mit dem Kopf schüttelnd. „Schon wieder so ein Satz."

„Ich meine: was, wenn alles in ein Nichts hinein ausliefe? … wenn meine Zeit vergeht und ich vergehe mit ihr? Fertig. Nichts weiter. Wäre es dann das Beste für mich, die verbleibende Zeit zu nutzen, um möglichst viel von der bunten Welt zu entdecken …? Oder sollte ich die Zeit besser mit Lara, mit meiner Familie, mit dir und anderen Menschen verbringen, die mir wichtig sind? Oder sollte ich versuchen ein Kind in die Welt zu setzen, um meine Gene weiterzugeben? Oder möglichst viele gute Taten ansammeln, im Bemühen die Welt zu retten? Oder das verbleibende Leben so lustvoll wie möglich gestalten? Oder hingebungsvoll arbeiten und versuchen beruflich einen bleibenden Eindruck zu hinterlassen? Oder sollte ich alles daransetzen, um einen kulturellen Beitrag zu leisten? Oder philosophieren und meditieren, um nach einer Lösung des Lebensrätsels zu suchen? … Ach, ich weiß es nicht. Ich fühle mich blockiert zwischen zu vielen Optionen. Ich kann zwar fast allem irgendetwas abgewinnen, aber ich kann nicht alles machen. Mir fehlt das Kriterium für die richtige Wahl … welchen Weg soll ich einschlagen? Ich fühle mich hin- und hergerissen – wie ein Esel zwischen Heuhaufen. Irgendwie hat doch

---

3 In Anlehnung an Martin Heidegger: Sein und Zeit. 1927 erschienen.

jeder dieser Heuhaufen seine eigene Berechtigung – sie scheinen mir alle in gleicher oder ähnlicher Weise gültig zu sein."

„Kenn ich", sagte Eckhart. „Zu viele Möglichkeiten und der Mangel an Kriterien für eine Entscheidung. Das ist schwierig. Wenn verschiedene Möglichkeiten gleich gültig nebeneinanderstehen, dann werden sie auch irgendwie *gleich*-gültig. Oder nicht?"

„Schönes Wortspiel", entgegnete Lukas, mit dem Anflug eines nachdenklichen Lächelns auf den Lippen. „Optionen mit gleicher Gültigkeit werden gleich-gültig. Da ist vermutlich was dran."

„Eine klare und sinnstiftende Orientierung scheint uns aufgeklärten Menschen von heute jedenfalls abhandengekommen zu sein", fuhr Eckhart fort. „Wir sind zur Freiheit verdammt dem Leben einen Sinn zu verleihen."

„Stimmt", sagte Lukas, „die sinnstiftende Kraft von Traditionen und Religionen, die den Menschen lange Zeit sagten, wo es langzugehen hat, scheint den meisten von uns jedenfalls abhandengekommen oder unglaubwürdig geworden zu sein."

„Ja", ergänzte Eckhart, „mal abgesehen von denen, die vorgeben genau zu wissen, wo Gott hockt und was er will … und die sich darum berufen fühlen diejenigen zu missionieren oder in die Luft zu jagen, die das nicht glauben."

„Weißt du, Eckhart, eigentlich wollte ich dieses Experiment nutzen, um mir Klarheit und Orientierung zu verschaffen … dass es mich emporzieht und sich meine Tage mit Leben füllen. Nun jedoch fühle ich mich wie ein verängstigtes Kaninchen, das erstarrt vor einer großen Schlange hockt und darauf wartet, aufgefressen zu werden. Ich sehe nur noch das drohende Ende. Es gibt kein Entrinnen. Was soll ich tun?"

„Wie ein verängstigtes Kaninchen vor der Schlange", wiederholte Eckhart – und fügte einen Moment später hinzu: „Je länger ich uns zuhöre, Lukas, desto mehr kommt mir die Geschichte von der Mörderschlange in den Sinn."

„Kenn ich nicht – was ist das für eine Geschichte?"

Während Eckhart noch immer auf seinem Küchenstuhl hin und her schaukelte und damit beschäftigt war, kaffeegetränkte

Brösel aus seinem kolossalen Schnurrbart zu zupfen, setzte er an, um die Geschichte von der Mörderschlange zu erzählen:

„Tief im Wald lebte eine Mörderschlange", begann er mit verheißungsvoller Stimme. „Alle Tiere des Waldes hatten große Angst vor der Mörderschlange, denn sie besaß eine schwarze Liste mit den Namen all jener Tiere, die sie umbringen wollte.

Der Wolf nun hatte diesbezüglich kein gutes Gefühl und entschied sich eines Tages die Mörderschlange aufzusuchen. Er wollte sich Klarheit verschaffen und darum entschied er sich die Mörderschlange zu fragen: ‚Du, Mörderschlange – steht mein Name auf deiner schwarzen Liste?'

Die Mörderschlange antwortete knapp und unmissverständlich: ‚Ja. Dein Name steht auf der Liste.'

Der arme Wolf war entsetzt, aber irgendwie auch ein bisschen erleichtert. Denn endlich war er von seiner quälenden Ungewissheit befreit. ‚Mörderschlange', fragte der tapfere Wolf weiter, nachdem sich seine erste Benommenheit etwas gelegt hatte: ‚Kannst du damit vielleicht noch warten, bis ich alle meine Freunde versammelt habe, um mit ihnen ein großes, ein allerletztes Fest zu feiern?'

‚Das kann ich machen, Wolf. Kein Problem.'

Der Wolf bedankte sich bei der Mörderschlange und lud seine Freunde zu einem großen Fest ein. Es war ein schönes Fest, an dem fast alle Tiere des Waldes ausgelassen mitfeierten, mit Ausnahme der emsigen Bienen und der Ameisen, denn die hatten viel zu tun. Am nächsten Morgen aber, da lag der Wolf mausetot auf dem Boden des Waldes, inmitten vielbeschäftigter Ameisen, die auf ihrem Arbeitsweg einen großen Bogen um ihn machen mussten.

So wie der Wolf schon kein gutes Gefühl gehabt hatte, hegte auch der Fuchs seine Befürchtungen. Also ging auch er zur Mörderschlange, um zu fragen, ob sein Name auf der schwarzen Liste stehe. ‚Ja, Fuchs – ich werde dich töten', lautete die Antwort der Mörderschlange.

Ermutigt durch den Einfall seines Schicksalsgenossen fragte auch der Fuchs die Mörderschlange. ‚Mörderschlange – kannst du noch damit warten, bis ich alle meine Freunde versammelt habe, um mit ihnen ein großes, ein allerletztes Fest zu feiern?'

‚Kein Ding, Fuchs. Du sollst deinen Abschied feiern.'

Es kam, wie es kommen musste. Am Morgen, nach der letzten großen Feier des Fuchses, lag er tot auf dem Boden des Waldes.

Endlich wollte auch der Hase wissen, wie es um ihn bestellt sei. Also ging er zur Mörderschlange und fragte: ‚Steht mein Name auf der Liste?'

‚Oh ja, Hase – dein Name steht auf der Liste.'

‚Mörderschlange', fragte der Hase weiter, ‚wäre es denn gegebenenfalls möglich, dass du mich von der Liste entfernst?'

‚Klar doch, Hase. Wenn du willst, dann streiche ich dich von der Liste.'

Und so bedankte sich der Hase und feierte noch viele große Feste, zusammen mit den anderen Tieren des Waldes. Mit Ausnahme freilich der fleißigen Ameisen und der emsigen Bienen. Denn die hatten immer sehr viel zu tun."

Lukas lachte einen Moment lang blubbernd vor sich hin, bevor er sagte: „Du meinst also, ich könnte mit einer anderen Fragestellung einen anderen Zugang zum Problem finden … damit der Tod seinen Schrecken verliert? … ist das die Pointe?"

„Vielleicht – ich bin mir nicht sicher. Es ist ja nur eine Geschichte."

„Wenn wir aber deiner Intuition folgen, Eckhart – dann würde das bedeuten, dass sich durch einen Perspektivenwechsel das Todesproblem vielleicht entschärfen oder sogar überwinden lässt."

„Womöglich. Probiere doch mal. „Was fällt dir denn für eine andere Perspektive ein?"

„Könnte die Schlange, vor der ich gleichsam erstarrt hocke, eine Art Tor zu einem besseren Leben symbolisieren? … eine Art Versprechen für ein Leben, das nach diesem Leben auf mich wartet?"

„Gäbe es dann nicht lediglich einen weiteren Grund, schon jetzt nicht wirklich zu leben?", gab Eckhart zu bedenken.

„Wie das?"

„Ich bin mir nicht sicher, ob ich richtig verstanden habe – aber sagtest du nicht, dass du dich wie gelähmt fühlst, weil jeder

Weg, den du wählst, in ein bedeutungsloses Nichts hinein auszulaufen droht?"

„Doch. Ja – so ungefähr."

„Wenn wir die Schlange nun als ein Tor zu einem besseren Leben verstehen, könnte das dann nicht damit zusammenhängen, dass wir von diesem vergänglichen und dadurch frustrierenden diesseitigen Leben enttäuscht sind und darum Trost und Hoffnung in einem jenseitigen Leben suchen?"

„Du willst also sagen, dass der Glaube an eine Jenseitswelt dem Zweck dienen könnte, aus dieser Welt zu entfliehen, weil sie zu unvollkommen, vergänglich und leidbringend ist?"

„Ja. Ich glaube, so meine ich das."

„Hmm", brummte Lukas. „Ich verstehe." Und einen Moment später fügte er hinzu: „Wenn ich ehrlich bin, muss ich mir eingestehen, dass ich tatsächlich ein Ressentiment gegen diese Welt hege."

„Oh – du hegst ein Ressentiment", wiederholte Eckhart, übertrieben vornehm.

„Ich meine – manchmal scheißt es mich gewaltig an. Man muss ja nur mit offenen Augen durch die Welt gehen oder Zeitung lesen – grauenhaft, was einem da alles begegnet. Findest du nicht? Das Leben mutet seinen Lebewesen zuweilen Unerträgliches zu. Und was es gibt, das nimmt es sich wieder – früher oder später. Vielleicht ist das der Grund, warum ich mich nicht richtig einlasse. Aus Angst vor Verlust, Trennung und Schmerz."

„Das klingt menschlich", sagte Eckhart. „Allzu menschlich. Deine widerständige Haltung dem Leben gegenüber ist also eine Reaktion auf das Leben selbst, das unsinnig und grausam sein kann. Da gibt es auch nichts zu beschönigen. Das sind Lebenstatsachen. Und alles, was in dieser Welt entsteht, das wird auch wieder zugrunde gehen."[4]

---

[4] In Anlehnung an Friedrich Nietzsche: Menschliches, Allzumenschliches. Ein Buch für freie Geister. 1878 erschienen.

„Genau!", bestätigte Lukas. Auch liefert mir das Leben keine Antwort auf die Frage nach dem Sinn von alledem. Der Strom des Lebens scheint unberechenbar und ohne Ziel einfach so dahinzufließen. Es beschert mir zwar immer wieder Geschenke. Es sind aber nur Leihgaben, die es bald wieder zurückfordern wird. Es stattet mich großzügig aus: mit Gesundheit; einer unfassbar bunten und vielgestaltigen Umgebung; auch mit noch durchaus jugendlich zu nennendem Tatendrang; und vor allem mit Menschen, die ich recht liebhaben kann. Dann aber, früher oder später, nimmt es mir jäh und je alles wieder weg. Meine Gesundheit vergeht … Menschen wenden sich von mir ab oder werden mir entrissen … Lebensumstände können sich manchmal so saublöd konstellieren, dass sie mir nahezu unaushaltbar vorkommen. Und irgendwann beschert mir das Leben den Tod. Da frage ich mich: Wer hat mich in das Ganze hineinbetrogen, und lässt mich nun dastehen? Wie nur bin ich in diese Welt geraten? Warum hat man mich nicht vorher gefragt? … nicht erst bekannt gemacht mit Sitten und Gewohnheiten, sondern hineingestukt in Reih und Glied, als wäre ich gekauft von einem Menschenhändler? Wie bin ich Teilhaber geworden in dem großen Unternehmen, das man Wirklichkeit nennt? Gibt es denn keinen verantwortlichen Leiter, an den ich mich wenden könnte, mit meiner Klage?"[5]

Auf Eckharts Gesicht legte sich ein erstauntes Grinsen. Ein Grinsen, das fast so breit geworden war wie sein kolossaler Schnurrbart.

„Wozu das alles?", fragte Lukas, angetrieben von der aufwallenden Lust mit dieser Welt endlich abzurechnen. „Dieses frustrierende Miststück kann mir gestohlen bleiben!", entfuhr es ihm. „Und es muss sich auch nicht wundern, wenn ich seine Geschenke ausschlage und mich von ihm abwende. Ich bin ja schließlich nicht von ihm abhängig!", brach es schallend aus ihm heraus, indem ihm immer klarer wurde, dass es etwas in seinem

---

[5] In Anlehnung an Kierkegaard: Die Wiederholung/Drei erbauliche Reden. 1843 erschienen.

Innern gab, das diesen Unsinn, den er da abließ, tatsächlich für wahr hielt.

Angestachelt durch Eckharts breites Grinsen, fuhr Lukas fort: „Ich habe schließlich noch ganz andere Optionen. Schon lange liebäugle ich mit einer anderen und viel besseren Welt … einer, die richtig geil ist … die meine Bedürfnisse nicht ignoriert, sondern vollumfänglich befriedigt … und darum spucke ich dieser diesseitigen Welt vor die Füße … und wende mich einer viel besseren Hinterwelt zu … einer prallen und geilen Welt, in der alle meine Wünsche schön gestillt werden … in der nichts mehr einfach so gegen meinen Willen zu Ende geht. Ha – das ist eine Welt! Und dieses klägliche Diesseits hier wird dann schön enttäuscht sein, wenn ich mich von ihm ab- und einer neuen … viel besseren Jenseitswelt zuwende. Dann endlich weiß es, wie es sich anfühlt, ständig frustriert, enttäuscht und zurückgelassen zu werden. Das wird mein Triumph, Mann!", sagte Lukas, nun voll in Fahrt, und kriegte sich über seine unverkennbar durchgeknallten Vorstellungen fast nicht mehr ein; aber nicht, weil ihm das so schräg vorkam, sondern weil er das Gefühl hatte, endlich einer äußerst verqueren Vorstellung in sich Luft machen zu können, die tief verborgen in seiner Seele hockte.

„Puh. Das war jetzt eine Erleichterung", seufzte Lukas, nach einer kurzen Atempause. „Ungefähr so, wie endlich pinkeln zu können, kurz bevor einem die Blase platzt."

„Ach – darum ergoss sich dein Redeschwall in etwa so lange, wie ein langer Erleichterungsvorgang dauert", fügte Eckhart dieser Toilettenanalogie noch hinzu.

Beide lachten. Sie fingen an so sehr zu lachen, dass es ihnen Tränen in die Augen trieb … ohne zu wissen, ob sie aus Heiterkeit oder Verdruss lachten. Klar war nur, dass Lukas etwas zur Entlarvung brachte, das hinter der intellektuellen Fassade im Verborgenen lag – nämlich ein trotziges, trauriges und schutzbedürftiges Menschenkind, das sich nach Halt und Geborgenheit sehnt.

„Aber genau so ist das Leben", sagte Eckhart schließlich, nachdem er sich gefangen hatte. „Laufend vergeht, zerfällt und verändert sich alles. Ich sehe darin keinen sicheren Hafen, der dauerhafte Stabilität garantiert. Ich erkenne auch nirgends einen Fixpunkt, an dem dieser Strom einmal sein Ende finden könnte. Auch sehe ich in diesen Bewegungen durch die Weltgeschichte kein sinnstiftendes, finales Ziel. Heute ist, was gestern noch nicht war und morgen einmal gewesen sein wird ... ein ewiger Fluss, der jeden Augenblick neu macht und dadurch nie Dagewesenes zeitigt. Genau das ist Leben. Alles entsteht. Alles vergeht. Nichts bleibt. Ewiger Wandel. Leben und Tod ereignen sich in diesem Augenblick. Jeder Moment, der kommt, ist schon wieder im Verschwinden begriffen. Stillstand wäre Tod. Wandel hingegen bedeutet Leben."

Nach einem Moment des Nachdenkens fragte Lukas: „Könnte das die Einsicht des schlauen Hasen sein? ... sieht er sich darum nicht vom Tod bedroht, weil er weiß, dass das, was wir Leben nennen, nichts anderes ist als das ewige Werden der Natur?"

„Könnte möglich sein", sinnierte Eckhart. „Und wenn wir annehmen, dass der Hase mit seiner Sicht der Dinge Recht hätte, müssten wir dann nicht, um gut zu leben, vorbehaltlos ‚Ja' sagen zu diesem Leben, so wie es ist, mit allem, was dazugehört? ‚Ja' zum Entstehen und ‚Ja' zum Zugrundegehen? ... wäre dann paradoxerweise nicht sogar der Tod – also das Vergehen – der eigentliche Garant für Lebendigkeit und Kreativität? ... weil durch das dauernde Werden der Natur jede Starrheit und jeder Stillstand aufgebrochen wird? ... weil erst durch die auftretenden Risse und Brüche in unserer Existenz Neues und Unvorhergesehenes hervortreten kann?"

„Ja", sagte Lukas, „sichtlich zufrieden mit den Erkenntnissen des Hasen. „Der Tod wäre – so betrachtet – nicht das Gegenteil des Lebens, sondern vielmehr und viel richtiger das Urgesetz allen Lebendigseins."

„Sogar Sterne prallen aufeinander und es entstehen neue Welten", fügte Eckhart hinzu. Denn wenn Leben Werden ist, ist auch der Tod – als dessen Grundzug – kein endgültiges Faktum mehr. Das Werden kennt kein Ende. Es setzt alles fort – wie könnte es anders sein? Kann die Zeit etwa stehen bleiben? Gibt es irgendwo einen Schalter, der das Weltgetriebe zum Stillstand bringt? Wohl kaum. Es gibt kein Ende. Nur Übergänge zu Neuem."

„Ist unser Leben, durch diese dauernde Öffnung, nicht auch poetisch angelegt?", setzte Lukas nach. „Denn wenn Leben Werden ist, dann gibt es darin kein auf ewig begrenztes und abgeschlossenes Ding; dann bleibt sogar unsere Vergangenheit grundsätzlich offen und unabgeschlossen … und kann immer wieder neu und anders erzählt werden. Selbst das Vergangene kann, durch neue Erfahrungen und andere Perspektiven, in eine neue Wirklichkeit verwandelt werden. Das dauernde Entstehen eröffnet die Möglichkeit und die Freiheit, die Welt und unser Leben darin immer wieder neu erfinden und gestalten zu können."

Eckhart nickte zustimmend – und für eine kleine Weile fielen die beiden in ein nachdenkliches Schweigen. Eine Weile, die in etwa so lange dauerte, wie man braucht um aufzustehen, drei langsame Schritte zu gehen und die Tür eines Kühlschranks zu öffnen.

Lukas bemerkte, dass er wieder Hunger hatte. Kommentarlos stand er auf, ging drei Schritte und öffnete die Kühlschranktür: „Es gibt noch kalte Pizza", sagte er.

„Mein Lieblingsfrühstück", entgegnete Eckhart – und klang dabei wie ein zufriedener Waldarbeiter.

Denkfehler

Lukas war kein besonders guter Schüler gewesen. Er war zwar begabt und neugierig, aber was im Unterricht behandelt wurde, interessierte ihn nur bedingt. Daher schweifte er häufig ab und hing eigenen Gedanken nach. Was dazu führte, dass er immer wieder den Moment verpasste, an dem Hausaufgaben verteilt oder Termine für Klassenarbeiten bekannt gegeben wurden. Dies brachte ihm bisweilen eine Menge Ärger ein.

Seine Mutter hatte, was die wenig beeindruckende Bildungsperformance ihres Sohnes betraf, zwar keine ehrgeizigen Ziele verfolgt, aber über seine lausigen schulischen Leistungen und Nachlässigkeiten wurde sie dennoch manchmal wütend. Ihren Unmut konnte er jedoch mit unbändigem Optimismus besänftigen. Aus irgendeinem Grund nämlich war der kleine Lukas in so überzeugender Weise vom Glauben beseelt, dass seine nächsten Noten bestimmt herausragend ausfallen würden, dass ihr Groll sich aufweiche – wie ein Stück Butter in der Sommersonne.

Ein anderer entscheidender Faktor, weshalb Lukas befand, dass das Schülerleben nichts für ihn sei, bestand darin, dass er wahrlich kein Frühaufsteher war. Ganz im Gegenteil. Er war ein Mensch, der erst gegen Abend auf Touren kam. Und daran änderte sich im Laufe seines Lebens auch nicht viel.

Trotz alledem. Es war nicht zu bezweifeln, dass Lukas denken konnte. Er vermochte präzise und folgerichtig zu denken. Auch vermochte er es sich selbst kritisch und mit aufrichtigem Blick zu betrachten. Manchmal musste er dabei feststellen, dass die Motive seiner Handlungen nicht immer aus purem Gold waren – sondern abgründig, egozentrisch und durchtrieben. Darauf war er nicht stolz.

Aber Lukas beschäftigte sich nicht nur mit seiner eigenen kleinen Welt, sondern interessierte sich, vielmehr noch, für die großen Fragen: „Was ist ein gutes Leben?", wollte er wissen. ... „Wo kommen wir her – wo gehen wir hin? ... wozu sind wir da? ... was können wir sicher wissen? ... und warum gibt es überhaupt etwas und nicht vielmehr nichts?"

Er drehte und wendete Gedanken und Theorien vom Kopf auf die Füße und wieder zurück. Wechselte zwischen den unterschiedlichsten Perspektiven und nahm jede Antwort so gründlich auseinander, dass buchstäblich nichts mehr davon übrig blieb.

Und so dachte und dachte er über das Leben nach und suchte den Sinn von alledem zu verstehen. Irgendwann jedoch, wenn es ihm mit den Grübeleien zu viel wurde, hatte er den Eindruck, sein Gehirn verwandele sich in ein Stück Schimmelkäse, bei dem das Verfallsdatum überschritten ist. Ihm stieg dann sogar der Geruch von überreifem Käse in die Nase. In diesem Zustand gerieten seine Denkvorgänge ins Stocken und das Stück Blauschimmelkäse zwischen seinen Ohren hörte damit auf, weitere Fragen und Gedanken zu produzieren. Interessanterweise verschwanden dann auch die Probleme.

Eckhart hingegen war dem exzessiven Denken weniger zugeneigt. Nicht, dass er dumm war. Ganz im Gegenteil. Aber seine auffallendste Fähigkeit war das Zuhören. Eine Fähigkeit, die er so vollkommen beherrschte, dass Lukas ihn dafür bewunderte. Mit Hilfe dieser Gabe konnte Eckhart viele wichtige Dinge in Erfahrung bringen. So hatte er zum Beispiel schon früh in seinem Leben herausgefunden, dass es den meisten Menschen nicht gegeben war gut denken zu können. Und dass oft gerade diejenigen, die nicht gut denken konnten, auch keine guten Zuhörer waren.

Was Lukas außerdem beeindruckte, war, dass Eckhart es mit seinen Fragen und Geschichten immer wieder fertigbrachte, ihn gedanklich ins Stolpern zu bringen. Mitunter gelang ihm dies mit ziemlich banalen Geschichten – was Lukas schließlich noch nachdenklicher machte.

„Du denkst oft und gerne über das Leben nach", sagte Eckhart einmal. Dann brummte er kurz und ergänzte: „Ich weiß nicht warum, aber irgendwie erinnerst du mich mit deinem exzessiven Nachdenken über die Welt und das Leben an meinen Großvater."

„Warum das?", fragte Lukas.

„Der war zwar kein exzessiver Denker, aber er trank eine Menge Alkohol. Und das bescherte ihm enorme Probleme. Darum verdünnte er den Whisky, den er am liebsten trank, mit Wasser. Irgendwann wurde er natürlich auch davon betrunken. Dann stieg er auf Pastis um, weil der weniger stark ist. Den trank er freilich auch mit Wasser. Er trank davon aber mehr als vom Whisky und so wurde er auch davon betrunken. Schließlich stieg er auf Wein um. Den Wein verdünnte er zwar ebenfalls mit Wasser, aber er trank so viel, dass er auch davon betrunken wurde."

Freundschaft

„‚Um einen wirklichen Freund zu finden, braucht es so viele Zufälligkeiten, dass es schon viel ist, wenn das Glück solche nur alle dreihundert Jahre einmal zusammentreffen lässt.' Das hat Montaigne scheint's einmal gesagt", meinte Lukas, während er in seiner Werkzeugkiste nach einem passenden Inbus-Schlüssel kramte.

Er war dabei sein neues Rennrad zusammenzubauen. Ein mattschwarzes Carbon-Rad mit Shimano-Ultegra-Schaltung.

„Das kommt mir zwar etwas überzogen vor", fuhr er fort, „aber mir ist bewusst, was für ein kostbares Geschenk eine echte Freundschaft ist. Vergleichbar vielleicht mit einem seltenen Juwel, das man suchen und um das man sich bemühen kann – und dann vielleicht findet, mit etwas Glück. Es gibt aber keine Garantie, so einen Reichtum je wirklich in seinem Leben zu erlangen."

Um die Klick-Pedale zu montieren, benötigte er einen Achter-Schlüssel, aber ausgerechnet der fehlte in seinem Set. „Das zieht sich wie ein roter Faden durch mein Leben", sagte er, mit einem Unterton in der Stimme, als ob es sich hierbei um ein Mysterium handelte, das eine verborgene Bedeutung für sein Leben hatte. „Der Achter muss doch irgendwo in dieser Scheiß-Kiste rumliegen", raunzte er nach längerem Kramen. Dann setzte er sich auf das Mäuerchen und griff nach seiner Bierdose – die er wenigstens nicht suchen musste.

„Ich bring dir nachher einen vorbei", bemerkte Eckhart lakonisch, der auch auf dem Mäuerchen saß.

„Na ja, worauf ich hinauswill: Eigentlich wollte ich dir schon lange mal sagen, dass ich dir dankbar bin – für unsere Freundschaft, meine ich. Ich mag dich echt gern. Also persönlich."

Eckhart musste grinsen.

„Du warst immer für mich da, wenn es mir dreckig ging. Und du verurteilst mich auch nie. Stattdessen hilfst du mir, mich und was um mich herum passiert ein Stückchen besser zu verstehen." Lukas setzte an und nahm einen Schluck Weizenbier aus der hellgrünen Dose. Es war ein freundliches Grün, mit einem unaufdringlich weißen Werbebanner darauf. *Modern Wheat. Seit 1876. Alc. 5.2%.*

„Das ist extrem wohltuend", fuhr er fort, indem er so tat, als würde er die Weizenbierdose genau in Augenschein nehmen. Diese Sorte stand erst seit Kurzem in den Regalen. Er fand, dass die Dose appetitlich aussah, und hatte deshalb ein paar davon gekauft. „Ich glaube, ich werde irgendwie vollständiger. Weißt du, was ich meine? Unsere Freundschaft hat mein Leben tiefer und reicher gemacht – irgendwie lebendiger. Dafür danke ich dir, Mann. Von ganzem Herzen."

Ohne lange nach passenden Worten suchen zu müssen, entgegnete Eckhart: „Ich habe es zwar noch nie so klar ausgedrückt wie du eben, aber indem du das jetzt so direkt sagst, merke ich, wie wahr das auch für mich ist. Ziemlich cool jedenfalls, dass du das so offen sagen kannst. Das bedeutet mir was. Danke."

Nach einem kurzen, fast andächtigen Moment sagte Eckhart: „Gerade heute habe ich mit Lara etwas erlebt, was vielleicht einiges mit dem zu tun hat, worüber wir gerade sprechen. Wir waren ziemlich angerührt von einem kleinen Mädchen, das wir in der Tierhandlung beobachtet haben."

„Was habt ihr denn beobachtet?"

„Lara und ich waren heute Vormittag verabredet. Wir wollten zusammen Kaffeetrinken. Auf dem Weg gingen wir noch kurz in diese Tierhandlung an der Ecke, wo sie immer das Futter für Martina kauft – ihre Katze, du weißt schon. Als wir dort an der Kasse warteten, kam ein kleines Mädchen rein, das offenbar auf das Schild aufmerksam geworden war, das der Ladenbesitzer vor seiner Eingangstür aufgestellt hatte: *Hundewelpen zu verkaufen* stand da drauf. Als das Mädchen hereinkam, ging es, ohne zu zögern, zum Ladenbesitzer und sprach ihn geradeheraus auf dieses Schild an: ‚Guten Tag', sagte die Kleine, ‚was kosten die Hundewelpen?'

‚Zwischen fünfzig und achtzig Euro', sagte der Mann.

Dann griff das Mädchen in die Hosentasche und zog einige Münzen heraus. ‚Ich habe nur 7,65. Darf ich sie mir trotzdem kurz anschauen?'

Der Ladenbesitzer pfiff nach seiner Hündin. Die kam und fünf kleine Hundebabys stolperten hinter ihr her. Eines von ihnen war deutlich langsamer als die anderen und humpelte auffällig.

‚Was hat denn der Kleine da hinten?', fragte das Mädchen.

Der Ladenbesitzer erklärte ihm, dass der Welpe seit seiner Geburt diesen Schaden habe und vermutlich nie richtig laufen würde.

‚Den möchte ich kaufen', sagte das Mädchen entschlossen.

‚Also den würde ich nicht nehmen, der wird nie richtig gesund werden. Aber, wenn du ihn unbedingt willst und deine Eltern einverstanden sind, dann schenke ich ihn dir.'

‚Dieser Kleine da ist jeden Cent wert, genauso wie die anderen auch', sagte das Mädchen, mit fester Stimme. ‚Ich gebe Ihnen meine 7,65 und werde jede Woche einen Euro bringen – und manchmal sogar zwei – solange bis ich alles bezahlt habe.'

‚Er wird aber niemals in der Lage sein, mit dir zu rennen und zu toben wie die anderen.'

Da zog das kleine Mädchen ein Stück weit das Hosenbein hinauf. Es kam eine Metallschiene zum Vorschein, die sein verkrüppeltes Bein stützte. Dann sagte es: ‚Ich kann auch nicht gut rennen – und dieser Kleine hat dann jemanden, der mit ihm zusammen langsam läuft."[6]

---

[6] Aus dem Englischen übersetzt. In Anlehnung an: Dan Clark: „Weathering the Storm". 1990.

Das Hamsterrad

„Die Hälfte der Zeit ist abgelaufen."

„Wovon sprichst du?"

„Ich habe nur noch 182 Tage zu leben."

„Ach ja! Das Experiment. Wir haben länger nicht mehr darüber gesprochen."

„Ich habe länger nicht mehr daran gedacht. Tagelang. Wochenlang. Letzte Nacht jedoch, da träumte ich in der Hölle gelandet zu sein."

„Um Himmels willen … auch das noch! Wie war's in der Hölle?"

„Die Leute waren ziemlich abgehetzt. Immerzu beschäftigt mit irgendwas. Manche ruhelos und gereizt … andere ausgebrannt und apathisch. So liefen sie durch die Straßen … und hingen an ihren Smartphones – wie ferngesteuerte Zombies."

„Ich hab's geahnt", entgegnete Eckhart.

„Zunächst hatte ich keine Ahnung, wo ich bin. Erst als mich so ein Typ fast über den Haufen gerannt hat, da ergriff ich die Gelegenheit, um nachzufragen. Seine Auskunft war ein Schock für mich. Bin dann eine Weile hinter ihm hergelaufen, um mehr in Erfahrung zu bringen. Er hat viel von sich erzählt. Dass er ein berühmter Life-Coach ist. Auf dem Weg zu einem Kongress, wo er für seine Anhänger einen Vortrag halten muss. Über eine neue Supermethode. ‚Total neu! Total gut! Jeder Mensch muss seine perfekten Lebensziele finden. Really great! Fantastic! Just give up your old patterns! Wer diese Entscheidung nicht trifft, ist selbst schuld!' Teilnahmegebühr: dreitausend Euro."

„Da muss ich auch hin", sagte Eckhart – mit schwer einzuordnendem Ausdruck in der Stimme, irgendwo zwischen ironisch und ernst gemeint.

„Dann hat er mir noch was erzählt, nämlich dass Angst die Todesursache Nr. 1 sei; gefolgt von Stress. Nicht etwa Rauchen oder fettes Essen. ‚Stress gehört zum guten Ton in der Hölle‘, sagte er mir. ‚Wer in der Hölle keinen Stress hat, von dem will niemand etwas wissen.‘"

„Krasser Traum", entgegnete Eckhart. „Hört sich aber eher an wie eine ziemlich präzise Gesellschaftsanalyse. Einerseits leiden die Menschen unter Stress; andererseits sehnen sie sich nach Anerkennung; aber Anerkennung bekommen sie nur für das, was sie stresst. Verflixter Teufelskreis."

„Genau – und weil sie Angst vor dem Verlust von Anerkennung haben, führen sie ein gestresstes Leben – so dreht sich das Rad weiter. Und wenn sich jemand entscheidet diesen Wahnsinn nicht länger mitzumachen, wird er bestraft, indem ihm die soziale Anerkennung entzogen wird."

„Die Hölle sind die anderen"[7], bemerkte Eckhart. Lukas nickte nachdenklich.

„Außerdem fiel mir auf, dass sich unzählige Menschen bereitwillig in lange Warteschlangen einreihten."

„Warteschlangen?"

„Ja, Warteschlangen. Es gab Warteschlangen vor Standesämtern, Universitäten, Kirchen, Moscheen. Auch vor irgendwelchen Psycho-Seminaren, Yogahosen-Veranstaltungen, Einkaufskathedralen und Vergnügungsparks. Vor einem Pauschalreisebüro gab es auch eine Warteschlange und vor einem Bratwurststand. Und überall prangte Werbung – in greller, bunter Schrift."

„Was stand denn da?"

„Absolute Sicherheit! Ewiges Leben! Forever young! Gewinnmaximierung ohne Ende! Spiel, Spaß, Spannung! Solche Sachen halt."

„Auch über dem Bratwurststand?"

„Nein. Über dem nicht."

„Klingt trotzdem verlockend."

„Ja … mir fiel noch was auf."

„Was denn?"

---

7 In Anlehnung an Jean-Paul Sartre: Geschlossene Gesellschaft. 1944 erschienen.

„Neben den langen Warteschlangen gab es weite Landschaften. Die sahen atemberaubend schön aus. Aber kaum jemand interessierte sich dafür."

„Niemand wollte dorthin?"

„Nur wenige. Sie fassten sich ein Herz, traten aus den Warteschlangen heraus – und gingen drauflos. Mitten hinein in diese überwältigende Landschaft."

„Klingt schön. Befreiend."

„War es auch."

„Trotzdem wollten nur wenige dorthin?"

„Nur wenige."

„Es mag komisch klingen, aber mir war, als ob die Menschen, die ausbrachen, erkannt hatten in einem schrägen Traum gefangen zu sein. Und indem sie das begriffen, entschieden sie sich aus ihrer Begrenztheit herauszutreten, um etwas Besseres mit ihrem Leben anzufangen."

„Die waren sicherlich beim Life-Coaching" – bemerkte Eckhart trocken.

„Vielleicht." Lukas lachte kurz auf. „Kann schon sein."

„Was haben sie denn gemacht, nachdem sie in diese weite Landschaft hinausgegangen sind?"

„Nachdem sie das Getümmel und die Warteschlangen hinter sich gelassen hatten, taten sie, was sie tun wollten."

„Wie meinst du das?"

„Sie hatten festgestellt, dass das Leben, in dem sie sich eben noch gefangen fühlten, gar nicht so massiv, starr und unveränderlich war wie sie dachten, sondern dass es viel Platz für anderes gab."

„Ich glaube, ich verstehe, was du meinst."

„Dann ist noch was Entscheidendes passiert."

„Was denn?"

„Auf einmal lief ich in einem Hamsterrad – und fragte mich, ob auch ich in die weite Landschaft hinausspringen könnte. Aber ich hatte Angst."

„Hm – kommt mir bekannt vor."

„Das machte mich ziemlich traurig. Ich fühlte mich wie ein Gefangener – ohne dass mich jemand gefangen hielt. Wir, die wir in den Hamsterrädern liefen, waren zwar wohlhabend, gut gekleidet, begabt und dies und das – und doch: Obwohl wir so viel hatten, waren wir unzufrieden. Obwohl so viel möglich war, verhielten wir uns wie Sklaven ... und obwohl wir so viele waren, fühlten wir uns einsam. Und die Angebote und Versprechungen, rund um uns herum, boten keine echten Lösungen, sondern schienen alles nur noch schlimmer zu machen. Irgendetwas Entscheidendes fehlte."

„Was denkst du denn, was fehlte?"

„Ich denke, wir suchten alle nur unser eigenes privates Glück – weitgehend uninteressiert gegenüber dem, was mit dem Rest der Welt passiert. Und ich glaube, die Warteschlangen und Hamsterräder waren dazu da, um zu vergessen, dass wir Verwirrte sind. Zwar arbeiteten wir daran, das Beste aus unserem Leben zu machen, aber es fehlte uns an Geborgenheit und Orientierung."

„Ist das die Botschaft des Traums? Wir können nicht glücklich sein, solange wir nur unser eigenes privates Glück suchen – vom Rest der Welt und des Seins abgekoppelt?"

„Ich glaube, das trifft es. Denn die Menschen, die herausgetreten sind, waren nicht einsam oder isoliert. Ich konnte spüren, wie zutiefst verbunden sie sich fühlten."

„Ausgerechnet sie fanden Geborgenheit – obwohl es diejenigen waren, die die Menge hinter sich ließen, um ihren eigenen Weg zu gehen?"

„Ja. Paradox. Nicht wahr? Sie trafen für sich alleine eine Entscheidung und sind als Einzelne aus den Warteschlangen und Hamsterrädern herausgesprungen. Ausgerechnet sie fanden, wonach wir alle uns sehnten."

„Gerade sie entkamen der Einsamkeit und der Leere?"

„Genau. Sie waren dann zwar noch Einzelne, aber nicht mehr separiert und einsam, sondern mit allem und jedem auf eigentümlich tiefe, geradezu intime Weise verbunden. Auch mit uns, die wir noch in den Hamsterrädern liefen ... in den Warteschlangen standen ... oder auf unsere Smartphones glotzten. Ich spürte, wie sie sich auf uns, auf unsere Gedanken und Gefühle bezogen. Es gab eine Resonanz zwischen ihnen und uns. Sie brachten mit ihrer Art zu sein etwas zum Schwingen, das mir guttat. Ich fühlte mich getröstet und beruhigt. Ich denke, sie waren bewegt von unserem Schicksal. Ihr Mitgefühl, ihr liebevolles Echo auf mein Dasein – das berührte mich zutiefst."

„Das ist schön."

Dann ist noch was Unglaubliches passiert."

„Was denn noch?"

„Ich wachte auf."

„Ach so. Und?"

„Als ich aufwachte, schaute mir Lara direkt ins Gesicht. Sie hatte mir beim Schlafen zugesehen."

„Okay – was dann?"

„Dann sah ich ihr dabei zu, wie sie mir zusah. Noch bevor ich irgendetwas sagte, fragte sie, ob ich mich entschieden hätte aus dem Hamsterrad herauszuspringen."

„Nein!"

„Doch!"

„Wow – und dann?"

„Da habe ich vielleicht gekuckt!"

„Schon klar. Aber was dann?"

„Dann bin ich aufgestanden. Habe mir den Schlaf aus dem Gesicht gewaschen und Kaffee gekocht."

„Okay – aber was dann?"

„Dann klingelte der Wecker und ich wachte schon wieder auf."

Reise

Es sollte eine Reise nach innen werden – nicht nur nach außen. Die Reise nach außen sollte sozusagen das Reisevorhaben nach innen begünstigen. Daher hatte Lukas ursprünglich geplant alleine zu gehen. Nun aber wünschte er sich nichts sehnlicher, als mit Lara zusammen unterwegs zu sein. Denn ihre Liebe war noch ein junges Pflänzchen, dem der Zauber des Anfangs innewohnte. Zudem war Lara abenteuerlustig und reiseerfahren. Wunderschöne Voraussetzungen, um gemeinsam die Welt zu entdecken.

Allein, Lara konnte nicht. Sie hatte weder Zeit noch Geld und steckte mitten in den Prüfungsvorbereitungen. Sie stand vor ihrem Abschluss als Fremdsprachenkorrespondentin – für Spanisch, Englisch und Deutsch. Spanisch hatte sie von ihrer puertoricanischen Mutter gelernt. Englisch von ihrem schottischen Vater. Deutsch – die Sprache ihrer Heimat. Lara studierte an einer Fernakademie für Erwachsenenbildung. Neben ihrer Tätigkeit als Kellnerin, mit der sie sich über Wasser halten musste, verlangte ihr das Studium einiges ab. Daher kam für sie die Idee mit der großen Reise zur Unzeit. Sie stand an einem ganz anderen Punkt im Leben. Aber sie erkannte, wie wichtig es für Lukas war, diese Reise anzutreten – darum ermunterte sie ihn dazu. Keinesfalls wollte sie ihn einengen oder ihm etwas für sein Leben Wichtiges verbauen. Und Lukas spürte, dass Lara es wirklich so meinte.

Lukas bewunderte Laras schier unüberwindliches Vertrauen ins Leben. Manchmal empfand er es aber auch als etwas übertrieben sorglos. Vielleicht weil er spürte, dass hinter ihrer Leichtigkeit vermittelnden Art eine empfindsame und verletzliche Seele steckte, der es gehörig schwerfallen musste, sich in ihrer Bedürftigkeit zu zeigen.

Letztlich jedoch empfand Lukas das Zusammensein mit Lara als derart schön, dass er mit Fug und Recht behaupten konnte mit ihr die glücklichste Zeit seines Lebens zu verbringen. Aus diesem Grund fiel es ihm natürlich schwer für mehrere Wochen von ihr fort zu gehen.

Aber nun war er weg. Und er vermisste sie. Er vermisste ihre liebevolle und heitere Art, ihren geistreichen Esprit, ihre natürliche Neugier und ihre erfrischende Begeisterungsfähigkeit. Er vermisste ihre Stimme, ihre weiche Haut und ihre prallen Brüste, von denen er sich vorstellte, wie sie beim Sex elastisch auf und ab hüpften. Er vermisste sogar ihren Körpergeruch, den er zu Beginn gar nicht besonders gerne riechen mochte. Nun aber liebte er ihn. Er sehnte sich danach, ihn in sich aufzusaugen. Wenn er sie riechen, spüren und fühlen konnte, empfand er sich rund und vollständig. In ihrer Gegenwart konnte er sich entspannen und pudelwohl fühlen. Sobald sie sich in den Armen lagen, schien alles einen Sinn zu ergeben. Dann machte es „klick" und die Welt war auf einen Schlag in Ordnung. Vollkommener Moment. Doch wenn etwas so vollkommen ist, das wusste Lukas genau, dann musste es auch Nachwirkungen haben. Denn so ist das im Leben.

In seinen früheren Beziehungen war es immer schwierig für Lukas gewesen sich fallenzulassen und zu vertrauen. Nicht aber so mit Lara. Ihr vertraute er blind. Und deshalb gewährte er ihr bereitwillig Einblick und Zutritt in die tiefsten Kammern seines Herzens. Es war das erste Mal in seinem Leben, dass er sein Herz für jemanden so vorbehaltlos öffnete.

„Warum zum Teufel bin ich nur weggegangen?", fragte er sich. „Wäre es nicht richtiger und mutiger gewesen, mich um Lara zu kümmern, während ihrer Prüfungszeit – und unsere Beziehung zu pflegen –, anstatt in der Welt herum zu fahren? Das ist doch das, was ich in der Vergangenheit immer schon getan habe – Distanz schaffen, wenn es zu nah wird … Aber streng genommen bin ich gar nicht weggelaufen", beschwichtigte er sich selbst, „sondern zauderte und wollte bleiben. Vielmehr hat Lara mich dazu ermutigt diese Reise anzutreten. Und vermutlich lag sie nicht falsch mit ihrem Verdacht, dass mein Widerstand gegen die Reise ein Symptom für meine Angst vor Veränderung war – ein Symptom für meine Angst vor dem Unbestimmbaren." Schließlich, das wusste Lukas, verfügte Lara über eine ausgezeichnete Intuition. Und so war er nicht selten erstaunt darüber, wie treffsicher sie mit ihren Annahmen war.

„Oder", so schoss es ihm in den Kopf, „es war ihr deshalb nicht unrecht, wenn ich eine Zeit lang von der Bildfläche verschwinde, weil ihr unsere Beziehung zu intensiv wurde – zu nah, zu ernst. Vielleicht hat sie mich deshalb zu dieser Reise ermutigt?"

Lukas griff nach dem bereitgelegten Stift und begann zu schreiben:

Meine liebe Lara,

ich liebe und vermisse Dich – und wäre jetzt viel lieber bei Dir als hier in der Ferne. Gleichzeitig glaube ich, dass du Recht hattest. Mein Widerstand gegen die Reise war ein Symptom meines Sträubens gegen Veränderung ... ein Symptom meiner Angst vor der Ungewissheit ... letztlich ein Symptom meiner Angst vor der großen Ungewissheit – vor dem Tod. Tatsächlich scheint mich mein Experiment zuweilen mehr zu lähmen als dass es mich aufweckt und beflügelt. Wie du weißt, sollte es mich wachrütteln und emporziehen. Ich wollte mich damit anspornen, um meine Zeit mit Leben zu füllen. Was aber passierte mir in Wirklichkeit? Indem ich die Tage zu zählen begann, die mir zum Ablauf bis Jahresfrist noch bleiben, fing ich an, mich immer mehr am Gewohnten und Altvertrauten festzuklammern – so, als wollte ich das Bestehende konservieren, um es vor der Vergänglichkeit zu schützen.

Ich fühlte mich wie ein kleines Kind, das zunächst übermütig drauflos stürmt, um mit seinen gerade erwachten Fähigkeiten die große weite Welt zu erobern. Dann aber, überwältigt von der maßlosen Fülle und schier endlosen Weite der Welt, flüchtet es zurück, um sich ans Bein der Mutter zu klammern. Verängstigt fleht es nun darum, wieder aufgehoben und an die Brust genommen zu werden.

Genauso, liebe Lara, klammerte auch ich mich an das Vertraute und Gewohnte meines alltäglichen Lebens. Vor allem an Dich. Darum wollte ich mich nicht mehr fortbewegen, aus den Sicherheit versprechenden Regionen des Behaglichen und Bewährten – voller Angst und Argwohn gegenüber dem, was kommt ... dem Unbekannten.

Je näher ich jener selbst gesetzten Grenzlinie zur großen Unbestimmtheit komme – desto mehr breitet sich dieses Unbehagen in mir aus ... umso stärker wird mein Bedürfnis nach Planbarkeit, Kontrollierbarkeit und Sicherheit.
Du aber sprichst von Vertrauen, Hoffnung und Zuversicht ... dass das Unbekannte und gänzlich andere auch etwas Gutes hervorbringen wird ...
Eckhart hat mir einmal eine Geschichte erzählt, die mir gerade einfällt: Es heißt, der junge Napoleon habe, während er einst einmal einer heftigen Bombardierung ausgesetzt war, gezittert wie Espenlaub. Ein Soldat, der das sah, meinte zu seinen Kameraden: ‚Seht euch den an, der stirbt ja gleich vor Angst!'
‚Ja', entgegnete Napoleon, ‚aber ich kämpfe noch. Wenn du ebenso große Angst hättest wie ich, wärst du schon längst davongelaufen.'

Ich danke Dir, meine liebe Lara, für Deinen Mut, Deine Zuversicht und Dein Vorbild. Ich bewundere Deine Stärke, Dein Gespür dafür, was richtig für Dich ist, und Deine Entschiedenheit, die Dinge zu tun, die Du für richtig hältst. Am meisten liebe ich Dich vielleicht dafür, dass Du mich Deine Überlegenheit in vielen Dingen nie spüren lässt, auch wenn Du es tun könntest. Und wenn wir einen Konflikt haben, wirfst Du mir nie vor, ich hätte keine Ahnung. Stattdessen erzählst Du mir von Deinen Zweifeln. Du bist sogar stark, wenn Du Dich schwach fühlst! Und obwohl Du in so vielen Dingen lebensklüger bist als ich, schätzt Du meinen Rat und gibst mir das Gefühl, dass ich Dir Halt und Orientierung gebe, auch wenn ich selbst nicht hinkriege, was ich Dir empfehle. Du bist ein wunderbarer Mensch. Ich wäre gern mehr so wie Du!

In Liebe und Verbundenheit, Dein Lukas

Der Elefant

Als Lara die Wohnung betrat, legte sie als Erstes den handgeschriebenen Brief auf den Küchentisch. Sie legte ihn behutsam ab. Wie eine kleine Kostbarkeit. Der Rest des Stapels, den sie kurz zuvor aus dem Briefkasten gefischt hatte, landete im Papierkorb. Werbung. Sonst nichts. Anschließend zog sie ihre Jeansjacke aus und hängte sie an die Garderobe. Unter der hellblauen Jacke trug sie ein knielanges, mintgrünes Sommerkleid. Dazu knöchelhohe weiße Chucks. Ihre aus Bast geflochtene Umhängetasche stellte sie neben sich auf der Eckbank ab.

Lara war das, was man eine „Verzögerungsgenießerin" nennen könnte. Entsprechend machte sie sich erst einmal in aller Ruhe daran, eine gute Tasse Tee zu kochen. Dann setzte sie sich an den Tisch, wo der noch ungeöffnete Brief geduldig auf sie wartete. Sorgsam nahm sie ihn in die Hände, ließ ihn achtsam durch die Finger gleiten, ertastete seine Stärke und hielt ihn sich einen Moment lang unter die Nase. „Einen handgeschriebenen Brief im Postkasten zu finden, das ist schon was Besonderes." Währenddem sie das dachte, legte sich ein sanftes Lächeln auf ihr Gesicht. Lara war froh, dass Lukas in manchen Belangen so altmodisch war – und ihr nicht nur WhatsApp-Nachrichten oder E-Mails schrieb. Sie fand das, in gewisser Weise, romantisch. „So was macht nicht jeder", dachte sie. „Außerdem hat er starke Arme, schöne Hände und eine breite Brust. Genau mein Typ. Zwar ein wenig zu kopflastig, aber sexy."

Sie malte sich aus, wie er sie von hinten an sich drückte und dabei mit seinen Händen ihre Brüste umschloss. Das löste Wohlbehagen und Lust in ihr aus. Einen kurzen Moment später legte sie sich die Hände auf den Bauch. Aus irgendeinem Grund spürte sie einen Anflug leichter Übelkeit.

In Anbetracht dessen, dass in ihrer Beziehung zu Lukas ziemlich viel ziemlich gut passte, fragte sie sich, warum es bei ihr manchmal aushakte und sie mit anderen Männern ins Bett stieg. Dieser plötzlich dreinfahrende Gedanke löste Unbehagen in ihr aus. Deshalb versuchte sie ihn so schnell wie möglich wieder loszuwerden. Was ihr gut gelang, denn Lara war ziemlich erfolgreich darin, unliebsamen Gedanken keine allzu große Aufmerksamkeit zu schenken.

Allein das immer wieder auftauchende Gefühl innerer Leere konnte sie nicht gut verdrängen. Diese Empfindung von nichts, dem jede Wärme fehlte, konnte sich wie ein düsterer Nebel in ihr ausbreiten und in die hintersten Winkel ihrer Seele eindringen. Lara fühlte sich in diesem Zustand verlassen und hilflos. Wie ein kleines Kind, das allein im Wald ausgesetzt wurde. Unendlich einsam. So einsam, dass man sich wundern muss, dass ein Mensch sich überhaupt nur so einsam fühlen kann. Dieses verlorene Kind, das sie dann war, streckte die Hände aus, um schützend in den Arm genommen zu werden, aber es war nie jemand da. Und wenn es schrie, kam niemand, um sich um es zu kümmern. Bodenlose Traurigkeit.

Es war vermutlich diese gelegentlich auftauchende innere Leere, die sie mit ihren Eskapaden zu überdecken versuchte. Aber so richtig helfen konnte sie sich damit nicht. Denn nach solchen Abenteuern fühlte sie sich kaum besser. Sobald der durch Sexualhormone und Dopamin indizierte Lustrausch wieder abflaute, fühlte sie sich ähnlich elend wie zuvor. Nur eben anders elend. Es war daher nicht mehr als eine vorübergehende Ablenkung, die für den Moment eine gewisse Erleichterung bewirkte. Aber diesen Weg der vorübergehenden Erleichterung entschied sie sich immer wieder zu gehen. Auch wenn es kein Ausweg war.

Um die anklagenden Gedanken zu verscheuchen, wedelte Lara mit ihrer rechten Hand mehrmals durch die Luft. Dann atmete sie tief durch, um sich zu sammeln. Schließlich griff sie nach dem Brieföffner, der auf dem Fenstersims lag. Es war ein aus Holz gefertigter Brieföffner. Sie hatte ihn vor vielen Jahren, zu Beginn ihres Studiums, von einer Mitbewohnerin geschenkt bekommen.

Sie studierte damals Erziehungswissenschaften, in einer beliebten Studentenstadt im Südwesten Deutschlands. Abgeschlossen hatte sie dieses Studium nie, aber es hatte sie durch verschiedene Städte Europas geführt. Ihre damalige Mitbewohnerin war längst aus ihrem Leben verschwunden. Mit ihrem Brieföffner öffnete sie jedoch noch täglich ihre Briefe. Gelegentlich dachte Lara an sie. „Wie hieß sie noch gleich? Veronika. Nein. Viktoria." Lara mochte sie gerne, obwohl sich zwischen ihnen nie eine wirkliche Freundschaft entwickelt hatte. Der Brieföffner jedenfalls erinnerte Lara an sie. Sie nahm ihn gerne zur Hand. Er war leicht und fühlte sich warm und weich an. Auf dem Griff war ein kleines Nashorn eingeschnitten, an dem jedoch das Nasenhorn abgebrochen war.

Mit flinkem Schnitt öffnete sie das Kuvert. Vorsichtig zog sie zwei eng beschriebene Blätter heraus und entfaltete sie behutsam. Sie begann zu lesen – und kniff dabei ein wenig ihre Augenlider zusammen, so wie Martina es tat, wenn sie – als zufriedenes Kätzchen – am Fußende des Bettes lag.

Meine liebe Lara,

nun bin ich ganz am anderen Ort und in der anderen Person angekommen. Es ist erstaunlich, je mehr ich jener andere bin, desto mehr habe ich das Gefühl ich selbst zu sein – ist das nicht paradox?
Mir fällt erst hier auf, dass es in meinem Alltag kaum mehr Zufälle und Überraschungen gibt. Abgesehen natürlich von unserer Begegnung! Hier jedenfalls, außerhalb der gewohnten Bahnungen, fällt mir laufend etwas Neues und Unerwartetes zu. Durch diesen Aufbruch scheint etwas in Bewegung geraten zu sein. Vielleicht braucht das Glück ja dieses Gelücke? Es können dadurch eine Vitalität, Wachheit und Ruhe zutage treten, die sonst zugedeckt bleiben unter alltäglichen Gewohnheiten, Verantwortungen und Verpflichtungen.
Meine Arbeitstage und -Wochen zu Hause sind durchgeplant und durchgetaktet. Effizient, schnell, produktiv – auf Zielvorgaben gerichtet, ergebnisorientiert. Aber: Je mehr Zeit ich dadurch einsparen soll, desto weniger Zeit scheine ich zu haben. Und in der Freizeit? Zerstreuung bis zum Abwinken! Manchmal glaube ich, unsere Zivilisation und Arbeitswelt

macht uns alle verrückt. Und meine Rolle darin? Vielleicht bin ich im Wesentlichen darum bemüht, diejenigen nicht zu enttäuschen, die erwarten, dass ich bin, der ich schon immer war?
Wie auch immer – das Experiment mit dem Reisepseudonym war aus diesem Grund, so glaube ich, eine gute Idee, weil es mir hilft einen inneren Abstand herzustellen. Mir ist, als wenn da etwas in Bewegung gerät. Vielleicht jenes selbstgewisse Verharren auf einer bestimmten Auffassung von mir selbst.
Ich bin mir noch nicht sicher, was da passiert, aber es kommt etwas ins fließen ... es wird spielerischer ... tänzerischer ... nimmt sich selbst nicht mehr so ernst. Vielleicht erkennt dieses Ich, dass es auch ganz anders sein kann. Vielleicht gibt es ja gar kein ein für alle Mal festgelegtes Ego; keinen fixen Kern meiner Persönlichkeit; kein in diesem Sinne „wahres Selbst", das ich erkennen und definieren könnte ...
Vielleicht verhält sich alles ganz anders – und ich habe die Möglichkeit, wenn ich nicht mehr etwas Bestimmtes sein muss, dass ich dann alles Mögliche werden kann? Vielleicht. Wenn mich jemand nach der Wahrheit des Selbst fragt, dann weiß ich es nicht; aber wenn ich dieses Fließen spüre, dann weiß ich es ... dann fühlt es sich ganz natürlich, unmittelbar und stark an – so als ob es das Selbstverständlichste auf der Welt wäre, sich selbstvergessen in der Welt ganz selbstgewiss aufgehoben zu fühlen. Ich weiß jedoch auch, dass die Klarheit dieser Wahrnehmung nur sehr selten im Wolkenmeer meines Alltags aufscheint. Jetzt aber ist sie da. Sie ist weich, weit, offen, lebendig und kraftvoll.
Ist das Freiheit? ... bin das Ich? Wenn ja, dann ist es keine Freiheit des Ich, sondern vielmehr eine Freiheit vom Ich ... oder besser – das Freisein vom krampfhaften Festhalten an jenem kleinen privaten Ego, das sich ängstlich an seine Vorstellungen, Wünsche und Meinungen klammert. Wenn ich darüber nachdenke, kommt mir immer wieder dieser Elefant in den Sinn. Denn hier in der Nachbarschaft gibt es eine Familie, die einen Elefanten im Garten stehen hat. Es ist ein Arbeitselefant – ein mächtiges Tier. Die schwersten Lasten kann er scheinbar mühelos ziehen, tragen und stoßen. Und falls er einmal nicht gut zieht oder trägt oder stößt, dann bekommt er eins mit dem Stock übergebraten – bisweilen sogar mit einem eisernen Haken. Das passiert aber nur selten. Denn meistens tut dieses große, gefügige Tier treu und brav alles, was es tun muss. Am Abend

wird der müde Elefant dann in den Garten vor dem Haus geführt und an einen Pflock gebunden. Dieser Pflock ist so lächerlich klein, dass ihn der Elefant mit Leichtigkeit herausreißen könnte. Ich stelle mir dann vor, wie er in die Wälder verschwindet, um mit all den wilden Elefanten – von denen es hier eine Menge gibt – durch das weite Land zu streifen. Von Zeit zu Zeit würde er aber wieder am Seeufer auftauchen, um sich mit den anderen Elefanten im Schlamm zu suhlen, zu baden, zu tränken und ausgelassen mit Wasser zu bespritzen.

Ich habe mich erkundigt. Die Leute haben den Elefanten schon seitdem er ein Babyelefant war. Damals konnte er sich unmöglich von seinem Pflock befreien. Er war noch zu klein. Bestimmt hat er es unzählige Male versucht. Ich denke, er hat sich schon früh daran gewöhnt, dass er es gewiss nicht schaffen kann, sich zu befreien. Dabei wäre es für ihn nur ein kleiner Schritt zur Freiheit.

Vielleicht, so frage ich mich, ist genau das der Grund, warum mir dieses brave Tier so seltsam vertraut vorkommt …

In diesem Sinne, meine liebe Lara, bin ich froh über diese Reise und noch vielmehr bald wieder in Freiheit bei Dir zu sein – und glücklich über *das zarte Band, das uns verbindet …*

In Liebe und zärtlicher Verbundenheit, Dein Lukas

Utopia

Es war Abend geworden. Erschöpft von der langen und beschwerlichen Reise saß Lukas auf der Veranda seines Hotels. Tag und Nacht begegneten sich. Die blaue Stunde brach heran und mit ihr veränderte sich die Farbe des Himmels. Die Landschaft verwandelte sich in ein surreales Gemälde, das jeden Aquarellmaler zum Entzücken gebracht haben würde. Die Töne wurden weicher, die Formen verloren ihre harte Kontur. Es war, als würde die gesamte Szenerie wieder und wieder mit farbigem Licht übertüncht.

In der Ferne ertönte der Ruf der Muezzine. Der Abendwind trug das „All'hu akbar" in nordwestliche Richtung – tief in das weitläufige Tal, in das die Stadt eingebettet lag.

„Morgen", so stellte Lukas fest, „beginnt die letzte große Etappe meiner Reise." Dann nippte er an seinem doppelten Wild Turkey ohne Eis, den er meinte nötig zu haben. Auf Reisen hatte er oft Verdauungsprobleme. Nun aber war er auch nervös wegen dem, was ihm morgen bevorstand. Sein Bauch fühlte sich hart an. Er war schon seit drei Tagen nicht mehr richtig auf dem Klo gewesen. „Warum", so fragte er sich, „tue ich mir das eigentlich an?"

Lukas realisierte, wie seine selbst verordnete Medizin zu wirken begann. Endlich konnte er furzen. Es war ein langer und wilder Furz – wie ein stürmischer Windstoß, der durch die Bäume eines urwüchsigen Waldes rauscht. „Was für eine Erlösung", stöhnte er, indem er befreiend ausatmete und sich dabei selbstzufrieden zuprostete. Sein Bauchweh war auf einen Schlag viel besser geworden. Es hatte sich sozusagen in Luft aufgelöst.

Auf diese Weise erleichtert, beobachtete Lukas am Himmel ein Wolkenbild, das die Form eines Neandertalers annahm. Der Kontur nach war es eindeutig ein langhaariger Neandertaler, der eine unförmige Keule schwang und auf der Jagd nach einem übergroßen Fuchs war. Mit der Zeit verwandelte sich der Fuchs jedoch in einen Traktor und der Neandertaler fing an, seine Keule zu verschlucken.

„Die Jagd ist zu Ende, mein Freund", kommentierte Lukas das Schauspiel. Dann nahm er noch einen Schluck.

In der Ferne hörte er leises Donnergrollen. Zuerst dachte er, es sei ein aufziehendes Gewitter. Dann aber wurde ihm klar, dass es das unheimliche Grollen von Kampfjets und Kanonen war, im umkämpften Grenzgebiet zwischen Syrien, dem Irak und der Türkei. Von der Veranda seines Hotels, in der türkischen Grenzstadt Mardin, konnte er das Dröhnen der Artilleriegeschütze in der Ferne vernehmen. „Ich war noch nie so nah an einem Kriegsgebiet", wurde ihm mit Grauen bewusst.

Lukas kam dies alles sehr unwirklich vor. Er hatte den Eindruck, dass seine Seele es nicht schaffen konnte, den verschiedenen Orten, die er besuchte, und den unterschiedlichsten Erfahrungen, die er machte, hinterherzukommen. „Das Leben ist wie ein unendlich zusammenhängender Zeitbrei. Wie ein indisches Curry, in dem sich alles durchmischt." Noch während er dies dachte, stieg in ihm die Erinnerung an Laras nach Kardamom, Ingwer und Kreuzkümmel duftende Finger auf, die sie ihm unter die Nase hielt. Vor seinem inneren Auge sah er Laras Gesicht – wie sie in ihrem riesigen Bett lag und ihn verführerisch anlächelte. Am Fußende des Bettes Martina, die Überkatze. Auch sie lächelte. Dann erinnerte sich Lukas an den großen Elefanten, der ihm auf seiner Reise begegnet war und der jeden Abend an einen Pflock gebunden wurde, der so närrisch klein war, dass er ihn mit Leichtigkeit hätte herausreißen können. Lukas prostete ihm zu, als er sich daranmachte, in die Wälder zu verschwinden, um mit den anderen Elefanten durch das weite Land zu streifen. Nach einem weiteren Szenenwechsel erinnerte er sich daran, wie er selbst durch den Wald gestreift und dort auf eine Höhle gestoßen war. Und wie er vor der blauen Blume gestanden hatte, in deren Blütenkranz er Laras Gesicht erkannt hatte. Schließlich erinnerte sich Lukas auch an Eckhart, wie er ihm aufmerksam zuhörte und sich dabei Brösel aus seinem Schnurrbart zupfte, die er in hohen

Bögen durch die Küche schnippte … und sich dabei die Mörderschlange vorstellte, die sich mit dem klugen Hasen unterhielt.

Am nächsten Morgen sah Lukas eine sehr konkrete Pontonbrücke, die auf den dunkelbraunen Fluten des Tigris wippte. „Dieser Grenzübergang ist einer der wenigen halbwegs sicheren auf dem Weg nach Syrien", klärte sein Begleiter ihn auf. Asan sprach mit leichtem schweizerdeutschem Akzent. Von ihm hatte er erfahren, dass er in Berlin als Sohn kurdischer Eltern türkischer Herkunft geboren worden, aber in Basel aufgewachsen war. Dort hatte er fast sein ganzes Leben verbracht und vor zwei Jahren hatte er seinen Master in Geowissenschaften gemacht.

Am anderen Ufer angekommen packte Asan Lukas herzlich an der Schulter und rief ihm lachend zu: „Willkommen in Rojava, dem Land des Sonnenuntergangs! Nun sind wir über die Grenze." Erklärend fügte er hinzu: „Das Land des Sonnenuntergangs – so bezeichnen wir Kurden unser Siedlungsgebiet im Norden Syriens."

Lukas hörte wieder das Donnergrollen der Artilleriegeschütze. Die unbestimmte Bedrohung in der Ferne, gestern in sicherer Entfernung im Hotel, hatte er schlimmer empfunden als jetzt hier zu sein. Die konkreten, aber doch einigermaßen berechenbaren Risiken der Gegenwart schienen ihm weniger bedrohlich als die unbestimmte Gefahr, die er in ungewisser Zukunft und jenseits des unheilvollen Grenzgebiets wähnte. Außerdem hatte Asans scheinbare Unbekümmertheit eine enorm beruhigende Wirkung auf ihn.

„Von hier aus ist es nicht mehr weit nach Al Qamischli. Nur noch drei, vier Stunden mit dem Jeep, dann sind wir schon da." Es waren genau diese unaufgeregten Sätze Asans, die Lukas ruhiger werden ließen. Sie vermittelten ihm das Gefühl von Normalität.

Während Asan das sagte, gingen sie schnurstracks auf einen jungen Mann zu, der mit Kalaschnikow, Sonnenbrille und Muskelshirt ein Stück weiter die Straße hinunter, an einem Pick-up lehnte. Ein alter, verbeulter, viertüriger Toyota Hilux. Allrad. Diesel. Die einstmals rote Lackierung war über und über mit Schmutz, Dreckklumpen und Straßenstaub bedeckt.

„Er fährt uns", informierte Asan knapp.

„Coole Karre", sagte Lukas.

Zur Begrüßung legten sich Asan und der Fahrer die rechte Hand ans Herz und nickten sich beiläufig zu. Lukas gefiel diese Geste. Darum legte auch er sich die rechte Hand ans Herz und nickte dem Fahrer zu. Anschließend reichte er ihm aber dennoch kurz die Hand.

„Lukas."

„Darkan." Dann stiegen sie ein. Lukas hatte den Eindruck, dass es so rüberkam, als würde er täglich von Partisanenkriegern mit Sonnenbrille und Kalaschnikow in einem Pick-up von illegalen Grenzübergängen abgeholt. Beim Einsteigen lächelte er zufrieden in sich hinein.

Sie fuhren ab nach Al Qamischli, dem eigentlichen Ziel ihrer Reise.

„Qamischli ist die größte Stadt der Region. Etwa 300.000 Einwohner." Wieder so ein Satz, für den er Asan so dankbar war. „Er hat vermutlich keine Vorstellung davon, wie sehr er mich mit solchen Nebensächlichkeiten beruhigt", dachte Lukas.

Während sie die holprigen Straßen und Pisten entlangschaukelten rief Asan über die Schulter hinweg Lukas zu: „Eigentlich haben erst die Kriegswirren Rojava möglich gemacht!"

„Woher nimmt dieser Mann nur seine Unbekümmertheit?", fragte sich Lukas, während er, sein ehrliches Interesse bekundend, aufmerksam mit dem Kopf nickte und seine Augenbrauen nach oben zog.

Kaum beachtet, inmitten der Wirren des Bürgerkrieges, hatten Kurden ein Gebiet unter ihre Kontrolle gebracht und für autonom erklärt. Für manche war Rojava ein Terroristen-Nest der verhassten PKK. Für andere ein Ort, an dem eine Utopie aufgehen konnte. Und wenn es stimmte, was Lukas gehört hatte, dann fand hier das zurzeit wahrscheinlich spannendste politische Experiment der Welt statt. In Rojava wurde ein Gesellschaftsmodell erprobt, in dem direkte Demokratie, die Gleichberechtigung aller Menschen und Umweltschutz die Grundpfeiler eines neuen Staatsgebildes sein sollten – und all dies inmitten dieser verwüsteten Kriegs- und Krisenregion. Ausgerechnet hier sollte Utopia entstehen.

Sie fuhren nun eine lange zerfurchte Straße entlang, gesäumt von ausgedörrten braunen Hügeln und Bohrtürmen. Im Bemühen, die Fahrgeräusche zu übertönen, schrie der Fahrer in gebrochenem Deutsch: „In Rojava gibt es viel Öl. Geld für Krieg gegen IS. Da draußen liegt Front." Er deutete dabei mit der Zigarette in der Hand in Richtung einer südlich gelegenen Hügelkette.

Lukas war es mulmig zumute.

Sie fuhren auf sandigen Pisten, vorbei an Steinhütten und liegengebliebenen Fahrzeugen. Ein staubiger Anblick von eigenartiger Schönheit. Alles wie gemalt, in ocker- und hellbraunen Farben.

Bevor die drei in Qamischli ankamen, stellte sich Lukas vor, dass es hier viele junge Leute geben würde, weil es ein Ort des Aufbruchs und des Neubeginns war. Als sie jedoch in die Stadt hineinfuhren, erblickte er kaum junge Menschen. Und die wenigen jungen Leute, die er sah, waren Kriegsinvaliden, die sich, mit fehlenden Gliedmaßen und zerschossenen Körpern, an Krücken über die Gehwege schleppten. Lukas gefror das Blut in den Adern. Mit seiner Partisanenromantik, die sich vor einigen Stunden noch in ihm breitzumachen begonnen hatte, war es schnell vorbei. Ihm wurde kotzübel.

„Wir fahren nun direkt zur Universität. Dort ist deine Unterkunft. Morgen geht es früh los!"

Wieder so ein Satz, für den Lukas seinen Begleiter hätte umarmen können.

„Schon dass es die Universität gibt, ist eine kleine Sensation", schwärmte Asan. „Nur kaum 20 Kilometer entfernt werden kurdische Frauen und Männer vom IS gefoltert und ermordet. Hier werden sie zu Akademikern ausgebildet."

Sie hielten vor der Universität. Ein schmuckloses, großes, graues Gebäude, mit ein wenig Garten drum herum und einigen jungen Leuten auf kleinen Plätzen.

Lukas' Unterkunft war ein karger gefliester Raum mit einer Matte auf dem Boden. „Luxus können wir dir hier nicht bieten", sagte Asan lächelnd. Mit einem kräftigen Schlag gegen Lukas' Schulter verabschiedete er sich. „Schlaf gut. Du wirst müde sein. Es war ein langer Tag. Morgen früh hole ich dich ab."

In der Nacht hatte Lukas kaum ein Auge zugemacht. Die Eindrücke des Tages überschlugen sich in seinem Gehirn. Und dieses unheimliche Donnerrollen … immer wieder dieses dumpfe Krachen … Bombeneinschläge in nicht allzu weiter Ferne.

Am nächsten Morgen holte Asan ihn wie angekündigt ab und führte Lukas durch die Gänge der Universität. „Mit seinen gelockten schwarzen Haaren, den gutmütigen Augen und der Armeehose hat er etwas von einem Teddybären in Uniform", dachte Lukas. Er war froh ihn an seiner Seite zu haben.

Nach kurzem Anklopfen öffnete Asan die Tür zu einem spärlich eingerichteten Büroraum. Eine junge Frau saß hinter dem Schreibtisch und blickte mit wachen Augen über das dicke Buch, das sie in Händen hielt. Sie trat vor den Schreibtisch, reichte Lukas die Hand und stellte sich kurz vor. „Mein Name ist Delal", sagte sie freundlich. „Ich bin die Dozentin." Delal hatte lange, pechschwarz gelockte Haare und dunkle, kluge Augen. „Eine Schönheit im Kampfanzug", stellte Lukas mit Entzücken fest. Wäre Lukas nicht gänzlich von Lara beseelt gewesen, hätte er wohl abgecheckt, ob es möglich gewesen wäre, bei Delal zu landen. Nun aber stellte er mit Erstaunen fest, dass er sich wenig bis gar nicht motiviert fühlte Delal anzubaggern.

„Gehen wir doch in die Cafeteria bevor es losgeht", sagte sie. „Wir haben noch Zeit."

In der Cafeteria setzte sich Lukas neben einen jungen Mann mit dunklem, schmalem Gesicht und dicker Brille. Sein Name war Misra. Er erzählte Lukas, dass Ramadan sei. „Du wirst aber dennoch den ganzen Tag Leute sehen, die essen – und das sind nicht nur assyrische Christen oder Jesiden", meinte er. „Es sind auch Muslime. Wir sehen es hier nicht so eng mit der Religion."

Misra erzählte ihm aus seinem Leben. Zum Beispiel, dass er nicht in Syrien aufgewachsen war, sondern im Westirak. Lukas erfuhr, dass Misra der Minderheit der Jesiden angehörte, die ihre eigene monotheistische Religion praktizierten. „Vor zwei Jahren", so schilderte er, „überfiel der IS mein Dorf und ermordete fast alle Einwohner. Männer, Frauen, kleine Kinder." Lukas merkte, wie es ihm die Tränen in die Augen trieb. „Mir und ein paar anderen ist es jedoch gelungen, ins Gebirge zu fliehen. Dort saßen wir fest und warteten auf den Tod. Doch irgendwann, wir hatten die Hoffnung schon aufgegeben, kämpfte sich ein kurdisches Frauenbataillon einen Fluchtkorridor für uns frei und wir konnten entkommen." Misras feuchte Augen begannen zu leuchten, als er davon erzählte. „Ich war ein zum Tode Geweihter und habe das Leben wieder geschenkt bekommen. Seit dieser Schlacht denke ich anders über Frauen", sagte er. „Kämpferinnen waren es, die uns gerettet hatten. Jetzt kämpfe ich mit ihnen für Rojava. Wenn du hier ankommst, machst du diese Philosophie zu deiner Herzenssache, weil es in deiner Heimat nur Terror, Tod und Verfolgung gibt. Hier aber atmest du den Duft der Freiheit – und der Hoffnung."

Ausserdem erfuhr Lukas von Misra, dass die junge Frau neben ihnen am Tisch solch einer kämpfenden Einheit vorstand. „Wir Frauen sind mittendrin", warf die zierliche Soldatin ein, von der Lukas annahm, dass sie kaum älter als zwanzig war. Als er seiner Bewunderung für ihren Mut Ausdruck verlieh, antwortete sie: „Es ist Teil der Philosophie, für die ich kämpfe, dass ich über niemandem in meiner Einheit stehen möchte. Alle sollen gleichberechtigt sein. Das genaue Gegenteil der blutigen Ideologie des Islamischen Staats, der gegen jede abweichende Meinung brutal vorgeht." Sie sagte: „Es ist jeder Frau selbst überlassen, ob sie Kinder haben oder kämpfen will. Manche haben ihren Beruf aufgegeben, andere gehen ihrer traditionellen Rolle als Mutter und Hausfrau, in Abstimmung mit ihren Familien, nur noch eingeschränkt nach. Wir wollen frei sein! Wie könnten wir frei sein, wenn wir anderen vorschreiben, wie sie zu leben haben?"

Mit schalkhaftem Blick erzählte sie, dass die IS-Krieger nicht sonderlich gerne gegen Frauen in den Krieg ziehen würden, da ihnen eingebläut werde, dass sie nicht ins Paradies kämen, wenn sie von einer Frau getötet würden.

„Diese Einstellung dieser hirnamputierten Schwachköpfe spielt uns natürlich voll in die Karten", ergänzte sie lachend.

Als Lukas mit Delal und Asan den Seminarraum betrat, trafen sie auf etwa zwanzig junge Frauen und Männer. Sie sprangen auf und standen stramm wie Soldaten neben ihren Stühlen. Nachdem Lukas kurz von Delal vorgestellt worden war, setzte er sich auf einen der wenigen freien Stühle. Freundliche Gesichter gaben ihm das Gefühl, willkommen zu sein.

Delal – die junge kurdische Kämpferin und promovierte Philosophin, eröffnete das Seminar, indem sie ein Plakat an die Wand hängte, das verkündete: „Eine Gesellschaft, die nicht nach Höherem strebt, wird verfaulen!"

„Dieser Satz trifft ins Schwarze", dachte Lukas sofort. Er schrieb ihn sich ins Notizbuch und notierte dazu: „Ein Mensch, der nicht nach Höherem strebt, wird auch verfaulen!" Zufrieden legte er den Stift wieder beiseite.

Die junge Dozentin sprach darüber, dass Gesellschaftsformen nichts Naturgegebenes seien. „Das", so dozierte sie weiter, „ist die bahnbrechende Erkenntnis der antiken griechischen Philosophie. Seither haben die Menschen die Möglichkeit zu entscheiden, wie sie leben wollen. Denn Gesellschaften sind soziale Konstruktionen und weil sie konstruiert sind, können sie auch wieder de-konstruiert werden. Sie können verändert, gestaltet und erneuert werden."

Bum! Wieder so ein Satz, den sich Lukas in sein Notizbuch schrieb. Zwar hatte er in seiner Philosophieausbildung schon einiges in diese Richtung gehört, aber erst hier wurde ihm klar, was für eine enorme Sprengkraft dieser Gedanke hatte. „Gesellschaften sind nichts Natur- oder Gottgegebenes. Menschen können sich entscheiden, wie sie leben wollen, und können die Gesellschaft, in der sie leben möchten, aktiv mitgestalten. Gesellschaften formen Menschen, aber Menschen formen auch Gesellschaften. Und genau das passiert hier", dachte er. Das war es, was ihn herführte und was er als so inspirierend und belebend empfand. „Es herrscht hier eine Stimmung des Aufbruchs", so notierte er weiter, „und es leuchtet ein Licht der Hoffnung. Diese Menschen haben eine Vision von einer besseren Welt und entfachen ihre Leidenschaft daran, alles dafür zu tun, diese Vision zur Erfüllung zu bringen."

Da es mit Lukas als Gast eine Art interkulturelles Seminar werden sollte, machte Delal einen Schlenker. „Blicken wir nach

Europa", sagte sie – und schaute dabei über die Köpfe hinweg aus dem Fenster. „Politische und religiöse Ideologien führten die Menschen dort jahrhundertelang von Krieg zu Krieg, was letztlich in einem Exzess der Gewalt und Zerstörung endete. Europa war ein rauchender Trümmerhaufen, mit tausenden Wunden. Doch dann geschah ein Wunder und nach tausendjährigen Feindschaften begann in Europa das größte Projekt seiner Geschichte. Es wollte Frieden, Wohlstand und Wohlergehen für alle. Ein neues Europa entstand. Unter den Völkern wuchs Solidarität. Es galt nicht mehr das Gesetz des Stärkeren, sondern Recht und Gerechtigkeit. Die Europäer strebten nach einer offenen, freien und vielfältigen Gesellschaft ... und nun ... ihr seid im Begriff, das alles wieder aufs Spiel zu setzen. Warum nur?", fragte Delal – Lukas zugewandt.

Lukas hatte Mühe damit, das nicht als Vorwurf aufzufassen – und kam sich vor wie ein verwöhntes Kind, das nicht gelernt hatte, dankbar zu sein. „Es sind bei Weitem nicht alle, die das wieder rückgängig machen wollen", entgegnete er – und spürte, wie etwa zwanzig Augenpaare fragend zu ihm hinüberblickten und genauso viele Ohrenpaare auf eine Erklärung warteten.

„Vielleicht", sagte er, „sind wir im Westen ja solch eine Gesellschaft geworden, die im Begriff ist zu verfaulen, weil uns die Visionen ausgegangen sind ... weil wir unsere gesellschaftliche Utopie größtenteils verwirklicht haben. Vielleicht wissen wir in den reichen Ländern Europas nicht mehr, wonach wir streben wollen."

„Aber", entgegnete Delal, „ist es nicht so – wenn erst einmal politische und religiöse Freiheit, materieller Wohlstand und rechtliche Sicherheit erlangt wurden –, dass dann die Zeit reif geworden ist, sich selbst zu verwirklichen?"

„Hm. Mit Blick auf die Bedürfnispyramide scheint es so zu sein, ja", pflichtete Lukas ihr bei. „Mit der Selbstverwirklichung scheint es jedoch so eine Sache zu sein. Denn bei diesem Thema versagen unsere Instrumente, mit denen wir die Probleme auf den anderen Ebenen erfolgreich bearbeiten konnten. Vor allem unser Denkwerkzeug, der evolutionär entwickelte Verstand, scheint an diesem Punkt angelangt keine große Hilfe mehr zu sein. Er ist dazu gemacht, äußere Probleme objektiv zu begreifen, um nach konkreten Lösungen zu suchen. Er hilft uns dabei, unsere soziale und materielle Wirklichkeit zu gestalten, um in einer konkreten Welt mit konkreten Problemen besser überleben zu können. Aber um jenes mysteriöse ‚Selbst' zu erkennen, das es zu verwirklichen gilt – dafür scheint der Verstand nicht geeignet zu sein. Eine Lösung für dieses vage und zutiefst subjektive Problem muss auf andere Weise gefunden werden."

Eine Studentin meldete sich zu Wort: „Könnte es sein", fragte sie, „dass die Menschen, deren Bedürfnisse nach Sicherheit, Anerkennung und Wohlstand weitgehend erfüllt sind, daher so viel konsumieren und sich zerstreuen, um sich von diesem Problem im Kern ihres Selbst abzulenken … um das innere Unbehagen nicht spüren zu müssen … das immer wieder auftaucht und uns das Gefühl vermittelt, dass irgendetwas mit uns nicht stimmt… dass uns immer irgendetwas zu fehlen scheint?"

„Ich finde das eine sehr gut begründbare Vermutung", gab Lukas zu. „So besagt zum Beispiel die Verdrängungslehre der Psychoanalyse, dass wir dazu geneigt sind, unangenehme Erlebnisinhalte aus unserem Bewusstsein herauszuhalten. Aber dass wir das Abgewehrte nie erfolgreich in der Verdrängung halten können. Es kehrt wieder – in entstellter Form. Und für unser Thema würde das bedeuten: Wir wollen den inneren Mangel nicht spüren. Daher versuchen wir, bewusst oder unbewusst, dieses Gefühl von Leere in unserer Seele aus unserem Bewusstsein herauszuhalten, indem wir uns mit vielen Dingen, Substanzen und Aktivitäten ablenken. Vielleicht projizieren wir den Mangel auch nach außen, um das Problem dort bearbeitbar zu machen. Aus der schwer zu fassenden inneren Leere, wird dann ein ‚Zu-kurz-Kommen' oder ein ‚Zu-wenig-Haben'. Aber im Außen können wir das Problem natürlich nicht lösen, weil wir es dann in verzerrter Form und am falschen Ort wähnen."

Nun klinkte sich Delal mit einer weiterführenden Überlegung in die Diskussion ein: „So betrachtet kann aber dennoch formuliert werden, dass eine Gesellschaft, in der für die meisten Menschen die äußeren Voraussetzungen von Sicherheit und Wohlstand zur Genüge erfüllt sind, die Zeit herangebrochen sein könnte, eine neue Perspektive einzunehmen, um Erfüllung und Sicherheit in einer gänzlich anderen Richtung zu suchen. Oder anders formuliert: Wenn sich die äußere Utopie, in Form von sozialer und materieller Sicherheit, weitgehend erfüllt hat, dann scheinen die Bedingungen günstig, um wirklich verstehen zu können, dass die materiellen und äußeren Bedingungen zwar notwendig, aber nicht hinreichend sind, für ein erfülltes und glückliches Leben. Die am eigenen Leib erfahrene Erkenntnis, dass äußere Dinge allein das Problem nicht lösen, könnte einen Perspektivenwechsel begünstigen, der einen Sprung in eine andere Dimension nahelegt."

„Das klingt plausibel", bekräftigte Lukas, „denn das Erhalten des äußeren Status quo scheint den meisten von uns nicht zu genügen, um Erfüllung darin zu finden. Und so streben wir nach immer mehr … mehr Geld, mehr Sex, mehr Rausch, mehr Ruhm, mehr Abwechslung, mehr von allem. Das bringt eine Vielzahl egozentrischer Lebensentwürfe hervor, aber offenbar keine Erfüllung … Erlösung … oder Selbstverwirklichung."

„Das ist es, worauf ich hinauswill", sagte Delal. „Allem Anschein nach braucht es, um Erfüllung, Erlösung oder Selbstverwirklichung zu finden, noch etwas anderes … eine andere Perspektive … und die müsste, so meine ich, etwas mit Innerlichkeit zu tun haben."

„Wie die Praxis der Meditation?", warf eine Studentin fragend ein.

„Ja genau. Wie die Praxis der Meditation." Sagte Delal, sichtlich erfreut über ihren Einfall.

„Das erklärt vermutlich auch das wachsende Interesse vieler Europäer an fernöstlicher Religiosität", ergänzte die junge Frau mit dem rundlichen Gesicht. Sie vermittelte den Eindruck schon viele Jahre sowohl in Europa als auch in Meditation zugebracht zu haben.

Ein junger Mann aus der letzten Reihe meldete sich zu Wort und warf ein, dass ihm zur Diskussion etwas einfalle, was Friedrich Nietzsche einmal über das Europa des 21. Jahrhunderts prognostiziert hatte. Nämlich, so zitierte er Nietzsche aus dem Gedächtnis, dass der Mensch ein Seil sei … ein Seil geknüpft zwischen Tier und Übermensch – ein Seil über einem Abgrund … und dass sich darum der Mensch, im Europa des 21.Jahrhunderts, entscheiden müsse, ob er sich zurück zum Tier entwickele oder den Mut und Entschluss fasse weiter zu gehen … sich selbst zu erkennen und dabei über sich selbst hinauszuwachsen.

Lukas war den beiden dankbar für ihre Einfälle. Denn in diesem Moment erschloss sich ihm ein Zusammenhang, von dem er bislang nur eine diffuse Vorahnung gehabt hatte, die aber noch weitgehend im Dunkeln lag. Es war sozusagen ein unklares, schemenhaftes, weitgehend unbewusstes Wissen, das ihm jetzt erst bewusst wurde, indem er äußeren Ideen begegnete, die mit seinen inneren korrespondierten. Er hatte sozusagen erkannt, was er schon kannte, aber er hatte noch nicht wirklich etwas darüber gewusst.

Delal nutzte diese Gedanken als Aufhänger, um mit humorigem Unterton in ihrer Stimme fortzufahren: „Dann müssen wir uns also rechtzeitig die Frage stellen, was mit uns hier passiert, wenn sich unsere Utopie schon bald einmal verwirklicht haben wird?"

Kurz darauf begannen sich Delals Mimik und Ausstrahlung sichtlich zu verändern. Sie wirkte nachdenklich. Ernst. Beinahe bedrückt. Schließlich sagte sie: „Ich bin bereit für unser Gesellschaftsexperiment zu kämpfen … und wenn es sein muss dafür zu sterben … aber, wenn sich unsere Utopie tatsächlich einmal verwirklicht haben wird, dann müssen auch wir uns die Frage stellen: was dann?"

Im Seminarraum herrschte einen Moment lang Schweigen.

Schließlich setzte Delal an, um ihre selbst gestellte Frage auch selbst zu beantworten: „Für das Wohl des Ganzen zu arbeiten, also für das Außen und das Innen, und daraus den Sinn unseres Lebens zu ziehen – das ist vielleicht die Antwort auf die größte aller Fragen … jene nach dem individuellen und kollektiven Sinn menschlichen Daseins."

Ich schaute mich um. Niemand im Kurs starrte auf sein Smartphone oder aus dem Fenster. Alle waren höchst aufmerksam.

Es ist unmöglich

Herbstregen. Die Türglocke läutete. An der Art wie die Glocke läutete erriet Eckhart sofort, dass es Lukas war. Es war ihm selbst unerklärlich, aber er erkannte bereits am ersten Ton der Glocke, dass er es war. Als Eckhart öffnete, stand Lukas tropfnass vor ihm. Die beiden schlappten durch den etwa fünf Meter langen Korridor, durchquerten die Küche und traten hinaus auf eine kleine überdachte Veranda, über die man direkt in den Garten gelangen konnte. Lukas humpelte. Er konnte mit dem linken Bein nicht fest auftreten. Daher ging er mühsam und ungleichmäßig. Auf der Veranda angekommen setzten sie sich auf zwei alte, gepolsterte Ledersessel. Es waren keine Gartenmöbel im eigentlichen Sinn, aber sie waren von robuster Qualität – als wären sie für die Ewigkeit gemacht. Eckhart sah Lukas fragend an. Lukas schaute geistesabwesend ins Leere. In Blickrichtung ein Zitronenbäumchen, das in einer lichten, windgeschützten Wohlfühlecke der Veranda stand. Es trug fünf große gelbe Früchte und eine Blüte.

Schließlich sagte Lukas: „Ich will dir lieber nicht meine Leidensgeschichte erzählen."

Wenn jemand so etwas sagte, das wusste Eckhart genau, dann führte er genau das im Schilde. Aber das machte Eckhart nichts aus – und daher sagte er: „Das macht mir nichts aus."

Lukas lächelte leicht – weil er merkte, dass Eckhart es auch so meinte.

„Ich sage dir, zurzeit setzt mir das Leben derbe zu – als ob ein Fluch auf mir lasten würde. Ich habe eine richtig fette Pechsträhne. Auf meiner großen und zum Teil sogar einigermaßen riskanten Reise lief noch alles glatt. Seit ich zurückgekehrt bin, habe ich aber einen extrem schlechten Lauf."

„Scheint so, ja. Du kriegst zurzeit ordentlich zwischen die Hörner."

„Allerdings. Vor ein paar Wochen noch fühlte ich mich kerngesund und glücklich. Selten in meinem Leben empfand ich mich auf so wohltuende Weise sozial eingebunden. Rundum zufrieden. Jetzt aber fühle ich mich wie ein Schrotthaufen. Kaputt an Körper und Seele. Ich habe ein gebrochenes Herz, eine gebrochene Schulter, zwei gerissene Menisken, bekam postoperativ eine Lungenembolie, an der ich fast abgekratzt bin ... und jetzt hab ich auch noch Rücken."

„Verdammt viel auf einmal", entgegnete Eckhart.

„Die kaputten Knie habe ich, seit dem mich Lara fallengelassen hat wie eine heiße Kartoffel. Das klingt vielleicht abgedreht, aber da bin ich mir sicher. Diese Erfahrung hat mich in die Knie gezwungen."

„Finde ich gar nicht so abwegig. Kann mir gut vorstellen, dass es so etwas gibt."

„Dass ich mir jetzt auch noch die Schulter brach, weil ich blöde vom Rad gefallen bin, das bringt mich schier zur Verzweiflung. Ich habe die ganze Zeit Schmerzen an Rücken, Knie und Schulter und kann kaum schlafen, weil ich nicht weiß, wie ich mich hinlegen soll. Die OP sei zwar gut gelaufen, aber dass ich dann auch noch eine Thrombose bekam, aus der sich eine Lungenembolie entwickelte – das ist doch krass, oder?"

„So viel auf einmal, dass es ins Absurde abgleitet."

„Wäre eine nicht unwitzige Ironie des Schicksals gewesen, wenn es noch vor dem offiziellen Ende meines Experiments mit mir zu Ende gegangen wäre."

„Oje! Das stimmt", entfuhr es Eckhart.

„Aber, ich kann dir sagen, die Sache mit Lara macht mir mehr zu schaffen als alles andere. Ich weiß jetzt schon – was da passiert ist, das ist die größte Enttäuschung meines Lebens."

„Auch das kann ich mir gut vorstellen. Alle anderen Probleme sind ja sozusagen nur Fußnoten zu diesem Problem. Aber erzähl mir doch bitte noch mal genau, was eigentlich passiert ist ... ich meine, wenn du willst. Bis vor Kurzem wart ihr ja noch auf Wolke sieben unterwegs."

„Viel zu erzählen gibt es gar nicht. Es kam wie aus heiterem Himmel. Sie ist, sozusagen über Nacht, aus unserer Beziehung heraus- und in eine andere hineingesprungen. Sie hat sich so abrupt von mir abgewandt, als würde sie mit einem Hackmesser eine Hängebrücke kappen. Ich kann mir das nicht erklären. Meiner Wahrnehmung nach lief es gut zwischen uns. Ich war fest im Glauben, dass sie mich liebt. Sie hat das in letzter Zeit oft gesagt. Ich war mir sicher, dass diese Beziehung ein Leben lang halten wird. Ich hatte so ein tiefes Vertrauen in sie und ihre Gefühle mir gegenüber. Es tut unsäglich weh. Ich habe mich mit ihr auf eine Weise geborgen und daheim gefühlt wie noch nie zuvor in meinem Leben. Nie zuvor hat mich ein Mensch so tief berührt. Sie hat sich den Weg in mein Herz gebahnt … und als sie dort angelangt war, zündete sie eine Bombe. So fühlt sich das an. Bum! Auf einen Schlag ging alles kaputt – und für Lara Zeh bin ich nicht mal mehr Plan B."

„Ah!", fügte Eckhart hinzu, weil er es sich nicht nehmen lassen wollte, dieser kleinen Stimmigkeit was dranzugeben.

Lukas verzog keine Miene. Ihm war nicht nach Lächeln zumute. Gleichzeitig bemerkte er, wie gut es ihm tat, mit Eckhart reden zu können.

„Ich bin fassungslos", fuhr Lukas fort. „Fassungslos über diesen plötzlichen Abbruch. Es ist mir unbegreiflich, wie sich ihre Gefühle mir gegenüber so schlagartig verändern konnten. Ich zermartere mir das Hirn darüber, was ich falsch gemacht haben könnte … war ich zu lange weg? … habe ich ihr zu wenig Aufmerksamkeit geschenkt … oder zu viel? Ich zerbreche mir den Kopf, aber komme zu keiner befriedigenden Antwort. Es fühlt sich grauenvoll an. Ich fühle mich weggeworfen … ausgetauscht und entsorgt, wie ein Gebrauchsgegenstand. Fallengelassen wie ein heißes Stück Kohle. Von außen betrachtet mag es vielleicht wie ein revidierbarer Ausrutscher aussehen, aber ich weiß: Sie hat sich entschieden fortzugehen, und sie wird nicht wieder zurückkommen."

Weshalb Lukas das so genau wusste, konnte er sich nicht erklären. Aber er spürte, dass sie nicht mehr zurückkommen würde. Und er würde auch nicht erfahren, warum sie fortgegangen war. Höchstwahrscheinlich nicht.

„Das tönt echt brutal, Lukas. Ich kann nicht glauben, was passiert ist. Trotzdem, es kommt mir zu abrupt vor. Es gab so eine starke Verbindung zwischen euch. Das hört nicht einfach so auf. Ich vermute, dass sie sich bald wieder bei dir melden wird. Aber falls sich dann erneut eine Beziehung anbahnen sollte, musst du dir überlegen, ob du Ja sagen kannst zu einer Beziehung, in der sie mit hoher Wahrscheinlichkeit immer wieder Seitensprünge machen wird. Ich befürchte aus irgendeinem Grund muss sie das tun. Vielleicht aus Angst vor zu großer Nähe und der emotionalen Abhängigkeit, die daraus entsteht … vielleicht braucht sie einen anderen Mann in Reichweite als Sicherheit, falls es mit dir einmal scheitern sollte … oder ihr ist eine monogame Beziehung schlicht und ergreifend zu einengend oder zu langweilig und sie muss deshalb immer wieder ausbrechen … oder eine Mischung aus allem und noch viel mehr. Wer weiß das schon. Vielleicht weiß sie es selbst nicht genau. Die zentrale Frage für dich wird aber sein, ob du es schaffen kannst, mit ihren Außenbeziehungen klarzukommen. Ich gehe davon aus, dass es ihr nicht so leicht gelingen wird, daran etwas zu ändern. Darum hängt es, wenn du mich fragst, wenig bis gar nicht von der Frage ab, was du hättest besser oder anders machen können. Wenn du anfängst dir über diese Fragen den Kopf zu zerbrechen, dann schreddert das nur deinen Selbstwert … das macht dich unsicher, unsexy und deine Aura beginnt zu schrumpfen. Und du solltest nie etwas tun, was deine Aura zum Schrumpfen bringt – wenn du verstehst, was ich meine. Diese Anpassungsbemühungen werden eh nicht dazu führen Lara so zu verändern, wie du sie haben möchtest. Nimm dir lieber die Freiheit dasselbe zu tun – und schau, ob du auf diese Weise mit Lara was basteln kannst."

„Ach scheiße. Wahrscheinlich hast du Recht. Aber ich pack das gerade alles gar nicht. Ich fühle mich im Moment einfach nur beschädigt. Und es kommt mir vor, als seien meine körperlichen Verletzungen nur der sichtbare Ausdruck meiner inneren. Ich stehe komplett neben mir. Fühle mich aufgekratzt und finde keine Ruhe … streune umher wie ein heimatlos gewordener Straßenköter. Tief in meinem Inneren ist etwas kaputt gegangen."

„Der Glaube an das Gute im Menschen?", hakte Eckhart auf für ihn untypisch schnelle und geradlinige Weise nach. Überhaupt war Eckhart heute ungewöhnlich direktiv unterwegs. Das kannte Lukas gar nicht von ihm. Aber in seinem jetzigen Zustand tat es ihm gut – und er war froh, dass Eckhart ihm mit seinen klaren Ansagen Orientierung gab.

„Kann sein", antwortete Lukas. „So genau kann ich das gar nicht sagen. Ich denke aber, es ist nicht nur der Glaube an das Gute im Menschen … irgendwie hat das Vertrauen grundsätzlich dem Leben gegenüber einen ordentlichen Schlag abbekommen."

Eckhart nickte und gab beim Ausatmen einen tiefen, brummenden Laut von sich, mit dem er wortlos sein Mitgefühl ausdrücken wollte.

Lukas nahm Eckharts Anteilnahme wahr. Er fühlte sich von ihm in seiner Not wahrgenommen, gesehen und verstanden. Das hatte eine heilsame Kraft.

„In der Nacht, in der mein unglückseliger Lauf seinen Anfang nahm, da träumte ich von ihr. Es war ein Traum, der im Grunde bloß widerspiegelt, was ohnehin passiert ist – in dem aber vielleicht noch mehr steckt. Ich weiß nicht genau."

„Erzähl mir davon."

„In diesem Traum habe ich wieder die blaue Blume besucht. Ich bin in Richtung des großen Berges gegangen und stieg in die Höhle hinab. Als ich dann vor der blauen Blume stand, spürte ich in meinem Herzen Liebe für die Blume. Dieses Mal jedoch stand ich nicht alleine vor ihr. Ein anderer trat hinzu. Er kam aus der Dunkelheit und war auf einmal da. Ich erinnere mich daran, dass seine Bewegungen kraftlos waren und ich konnte erkennen, dass er an einer verborgenen inneren Krankheit litt – dennoch war er ungewöhnlich zielstrebig. Er machte sich an die blaue Blume heran und streckte seine langen Finger nach ihr aus. Und sie ließ ihn gewähren. Er drehte und wendete sich um sie herum und berührte sie von allen Seiten. Er wollte einfach nicht damit aufhören, an ihr herumzufummeln.

Ich beobachtete das Geschehen und sah, wie sich die blaue Blume ein wenig zierte. Ganz so, als ob es ihr allzu zudringlich war. Vielleicht jedoch fand sie es gar nicht aufdringlich, sondern es war ihr aus einem anderen Grund nicht recht. War es, weil ich dabeistand? Ich weiß es nicht. Irgendetwas stimmte auf jeden Fall nicht – oder wünschte ich mir das nur? Ich kann es wirklich nicht sagen. Sie ließ ihn jedenfalls gewähren und begann auch ihn zärtlich zu berühren.

Obwohl es mich schmerzte zu sehen, wie die blaue Blume nicht mir zugeneigt war, sondern ihm … und wie sie sich von ihm liebkosen ließ … und nicht von mir … und wie sie seine zärtlichen Berührungen erwiderte … und nicht meine … trotzdem fühlte ich mich der blauen Blume tief verbunden. Ich fühlte mich sogar beiden nah – dem Spacko und der Blume.

Als es in der Höhle dunkler wurde, begann er – für mich ganz überraschend – an ihr zu ziehen. Ich traute meinen Augen kaum, weil er, ohne dass ich je damit gerechnet hätte, tatsächlich und ganz selbstverständlich damit begann an ihr zu ziehen. Und zu meiner großen Überraschung ließ sie es zu. Sie ließ sich tatsächlich von ihm ziehen. Und sie bewegte sich empor. Sie bewegten sich beide empor … und er zog weiter und weiter … und ich war nicht mehr imstande zu sagen, ob sie nun an ihm zog oder er an ihr. Ich glaube auch, sie wäre nicht imstande gewesen zu sagen, was da geschah und wer an wem zog. Es geschah einfach. Und sie stiegen immer höher und höher. Bis sie mit ihm in der Höhe ihrer Höhle verschwand, wo ganz hoch oben ein Lichtstrahl die Felsendecke durchbrach.

Noch kurz vor ihrem Aufstieg lächelte sie mir zu. Das Gesicht von Lara Zeh, das im Blütenkranz schwebte, lächelte mir noch einmal zu … und ich spürte, wie die blaue Blume mich ein wenig mit ihren Blättern berührte, bevor sie in der Höhe ihrer Höhle verschwand. Letztlich jedoch stand ich alleine am dunklen Grund der kalt gewordenen Höhle.

Tiefer Schmerz und bittere Traurigkeit breiteten sich in mir aus. Als ich mich daranmachte, die Höhle wieder zu verlassen, konnte ich den Ausgang aus der kalt und dunkel gewordenen Höhle nicht mehr finden.

Dann erwachte ich. Aber die Verwirrung und Enttäuschung … der Schmerz und die Trauer … sie waren immer noch da. Auch meine Ungewissheit, ob ich je wieder den Ausgang aus der Höhle finden würde … und ob die blaue Blume sich mir je wieder zuneigen wird. All das verflog mit dem Erlöschen des Traums nicht, sondern blieb bei mir."

Noch einmal gab Eckhart sein anteilnehmendes, kehliges Brummen von sich. Nach einer langen Pause atmete er tief ein und sagte: „Ich frage mich ernsthaft, ob dein ‚schlechter Lauf' nicht vielmehr ein Segen ist als ein Fluch."

„*Was?*", entfuhr es Lukas entgeistert, „wie könnte das ein Segen sein und kein Fluch?"

„Natürlich kann ich gut nachempfinden, wie dreckig es dir geht. Ich bin mir aber nicht sicher, ob du den Traum gut verstehst, wenn du darin nicht mehr als eine blumige Nacherzählung deiner Erlebnisse mit Lara erkennst. Freilich. Es ist sicher nicht verkehrt, darüber nachzudenken, was das mit der äußeren Lara zu tun hat und welche Schlüsse du daraus ziehen solltest. Aber mir fällt auch auf, dass der Traum noch in eine andere Richtung weist – nämlich nach innen. Der Traum ist eindeutig ein Produkt *deiner* Seele und im Traum steigst du tief in sie hinab."

Die Brauen leicht zusammengezogen ließ Lukas seine Gedanken einige Momente lang um diesen Perspektivenwechsel kreisen. „Das finde ich jetzt interessant, was du da sagst. Seit meinem Aufenthalt Al Qamischli denke ich viel über diesen Perspektivenwechsel nach. Denn in meinem Leben hatte ich tatsächlich schon oft den Eindruck, in der falschen Richtung zu suchen. Also im Außen anstatt im Innen. Ich weiß auch nicht, warum – aus Gewohnheit, aus Unwissenheit oder einfach nur, weil es alle so machen? Und nun meinst du, dass ich auch in Liebesangelegenheiten in der falschen Richtung suche?"

„Ich meine damit natürlich nicht, dass du dich nicht mehr für andere Menschen interessieren solltest. Das wäre großer Unfug. Aber ich denke, die wirklich tiefe und sichere Geborgenheit und Erfüllung, nach der du dich sehnst, die wirst du kaum im Außen finden. Höchstens punktuell. Aber es wird dort immer mehr oder weniger brüchig und mangelhaft bleiben. Erfüllung kann dir kein anderer Mensch dauerhaft bieten. Jeder Mensch wäre damit heillos überfordert."

„Alles klar – im Kopf hab ich das. Die Liebesbeziehung ist keine Religion, die Erlösung garantiert. Es käme mir absurd vor, dem widersprechen zu wollen. Aber wenn ich ehrlich bin, ganz tief in mir drin, da wohnt diese Sehnsucht und Hoffnung, dass die Glückseligkeit dann eintritt, wenn ich nur erst ‚die Richtige' gefunden habe."

„Ja – das kenne ich natürlich auch. Dieser Mythos wird einem ja mit jeder Shampoo-Werbung verkauft. Eine sehr weit verbreitete Idee, die viele Liebesbeziehungen mit schrecklich überzogenen Erwartungen befrachtet. Aber wir können nicht erwarten, dass eine andere Person uns erlöst. Keine kann das – selbst wenn sie es möchte."

„Du meinst also, mein Problem besteht darin, dass ich immer eine Göttin suchte und stets enttäuscht feststellen musste wieder nur eine Frau gefunden zu haben?"

Eckhart lachte kurz auf. „Ja genau. Ich glaube, so meine ich das. Mir ist natürlich bewusst", fuhr er fort, „dass die Sache mit Lara extrem ist. Dir ging es ja nicht darum, dass sie sich wie eine erlösende Gottheit verhalten soll und du enttäuscht feststellen musstest, dass sie doch nur ein Mensch ist, sondern sie hat dich auf brutale Weise im Stich gelassen. Verraten, verlassen und verkauft. Ohne Verantwortungsgefühl. Ohne Vorwarnung. Das ist nicht normal. Von außen betrachtet völlig unverständlich. Da muss eine Pathologie dahinterstecken, die wir offenbar beide nicht erkannt haben. Anders kann ich mir das nicht erklären."

„Das denke ich auch. Und darüber werde ich mir noch mehr als genug den Kopf zerbrechen. Jetzt aber möchte ich mit dir weiter diese Idee mit dem Perspektivenwechsel verfolgen. Denn ob brutal enttäuscht oder nur ein bisschen gekränkt. Letztlich geht es um dieselbe Problematik. Beziehungen sind störanfällig. Menschen unberechenbar. Alles im Leben ist vergänglich. Ich sehne mich nach Geborgenheit, Glück oder meinetwegen auch Erlösung. Aber alles Äußere entzieht sich meiner Kontrolle. Die Frau, die ich liebe, kann mir keine letztendliche Sicherheit garantieren – das weiß ich. Niemand kann mir versprechen, dass sie sich nicht in einen anderen verliebt; dass sie mir nicht wegstirbt oder sie mir aus irgendeinem anderen Grund die Zuneigung entzieht. Überhaupt sind Gefühle sehr unberechenbar und können sich schnell verändern. Auch materielle Dinge, wie Geld, könnten morgen schon nichts mehr wert sein. Mein Arbeitgeber könnte pleitegehen. Über Gesundheit, Jugend und soziale Anerkennung brauchen wir gar nicht erst zu reden – alles sehr zerbrechlich. Ich kann ja nicht einmal behaupten, dass mir mein eigener Körper so richtig gehört. Er altert und wird krank, ganz ohne meine Einwilligung. Nicht einmal über meinen eigenen Geist kann ich vollends verfügen … Gedanken, die mich gegen meinen Willen plagen … am Schlafen hindern … traurig oder wütend machen. Alles, ohne dass ich es will. Sie entstehen ohne meine Absicht … sie können mich in Unruhe und Verwirrung versetzen, ohne dass ich es will. Sie gehören mir scheint's gar nicht wirklich. Gedanken und Gefühle führen, allem Anschein nach, in großen Teilen ein Eigenleben."

„Das ist alles richtig, Lukas. Trotzdem, bitte versteh mich nicht falsch – ich finde es vollkommen in Ordnung und auch wünschenswert, eine tolle Partnerschaft und gute Freundschaften zu leben. Ich hätte auch nichts dagegen, reich zu sein und alles drum und dran. Das Armsein und das Alleinesein als solches hat ja keinen Wert an sich – daran ist an sich nichts Gutes. Wir sollten uns bestimmt nicht von der Welt abwenden – ganz im Gegenteil: Ich finde, wir sollten intensiv leben und das Leben in uns aufsaugen. Solange und so gut wir können. Aber wir sollten immer wissen – in Tat und Wahrheit gehören uns die Dinge und die Menschen, die wir lieben, nicht. Wir können dankbar dafür sein, dass sie da sind, und alles dafür tun, dass sie da bleiben, aber wir können letztendlich nicht darüber verfügen und müssen akzeptieren, wenn sie gehen. Wir haben es nicht in der Hand."

„Okay, das muss ich schlucken – aber sag mir doch bitte noch, was genau soll denn nun der Segen dieser Erfahrung sein, den du mir in Aussicht gestellt hast?"

„Dass du gerade jetzt die Chance hast, genau das zu kapieren. Dass du bis in die Eingeweide hinein begreifst, dass es wahr ist."

„Hau ab!"

„Doch echt – jetzt realisierst du vielleicht erst wirklich, wie wenig du in der Hand hast. Jetzt kannst du es bis in die Knochen und in den Schlaf hinein spüren. Vielleicht wird es jetzt ein richtiges Wissen. Ein Wissen, das nicht nur im Kopf ist, sondern ein Wissen, das deinen ganzen Körper durchdringt … und die Kraft bekommt dein Leben zu verändern."

„Hm – kann sein. Daherreden konnte ich diese Kalendersprüche vorher auch schon. Das kann ja jeder Psychologe. Jedoch in die Tiefe hinein begriffen, das habe ich vermutlich wirklich nicht. Aber soll das echt ein Segen sein?"

„Ich sag mal so: Dieser Gedanke, dass wir letztendlich nichts wirklich in der Hand haben und das Leben akzeptieren müssen, so wie es ist, dieser Gedanke hat eine ungeheure Sprengkraft. Er kann dein Leben verändern."

„Soll das die gute Nachricht sein – dass ich nichts in der Hand habe und darum akzeptieren muss, wenn mir das Leben krass zuwiderläuft?"

„Die eigentlich gute Nachricht ist, dass sich hierin die Erkenntnis Bahn brechen kann, dass das Glück nicht als ein Ding draußen in der Welt herumsteht, sondern dass wir durch diese Erfahrungen daraufkommen können, auch noch in einer anderen Richtung nach der blauen Blume zu suchen. Will sagen – es könnte doch sein, dass mit deiner blauen Traumblume gar nicht die äußere Lara gemeint ist, sondern dass sie in deinem Innern wächst und dort gesucht und gefunden werden möchte."

„Und dass sie sich dort mit diesem Honk davonmacht?"

„Scheint so. Ja."

„Scheiße."

„Vielleicht gar nicht so schlecht. Schau doch genau hin. Wenn die blaue Blume tatsächlich für den Ort der Erlösung in deinem Inneren steht, dann bist du immerhin ziemlich nah dran – und sie ist dir ja auch zugewandt. Direkt offen und einladend könnte man sagen."

„Und das Weichei – das bin dann wahrscheinlich auch ich, oder was?"

„Könnte möglich sein."

„Jetzt hör aber auf – oder ich mach dich fertig!"

„Aber warum denn nicht", sagte Eckhart und lachte dabei auf. „Der ist doch offenbar auch ein Bild, das deine Seele produziert hat. Oder wie siehst du das? Der ist doch nicht von außen in deinen Traum hereingelatscht, um an deiner Blume zu ziehen. Das kommt alles von dir. Produkte deiner Seele. Aus deinem Unbewussten sozusagen."

„Aber mit diesem Typ stimmt was nicht. Er ist verletzt, verwirrt und hat so was Waschlappiges. Außerdem hat er, bei all seiner schwächlichen Verdruxtheit, auch was Gewalttätiges an sich. In gewisser Weise hat er mich ja auch verletzt."

„Dann wäre es also interessant herauszufinden, warum du dir selbst so etwas antust ... wo und warum du dich selbst betrügst ... und dir Leid zufügst?"

„Du meinst, warum der Spacko mir das Leben schwermacht und ich ihn bescheuert finde – aber ich gleichzeitig irgendwie er bin?"

„Genau."

„Du meinst also wirklich, diese armselige Kreatur wäre so eine Art abgelehnter Teil von mir, von dem ich nichts wissen will, weil er ein aufgeweichtes Knäckebrot ist und ich keins sein will?"

„Ich muss zugeben – genau das kam mir in den Sinn", sagte Eckhart grinsend.

„Dieser Vollkoffer soll also ein Teil von mir sein, den ich immer irgendwie mitziehe – wie meinen Schatten ... dem ich einfach nicht entkommen kann, aber trotzdem versuche ihn abzuschütteln, weil er nicht zu dem Bild passt, das ich von mir selbst habe? Weil es mich anpisst verletzlich und schwach und sensibel zu sein. Das aber auch zu mir gehört?"

„Viel auf einmal, aber das klingt für mich ziemlich plausibel."

„So gesehen repräsentiert er also meine Waschlappen-Seite – die ich nicht leiden mag und wovon ich nichts wissen will?"

„... und die dir offenbar das Leben schwermacht, die störend dazwischenfunkt und dir den Weg zum Glück verbaut."

„Hm. Das scheint mir unangenehm einleuchtend. Das muss ich zugeben."

„Ja – aber wer weiß, wie der sich verwandelt und zu was er fähig werden könnte, wenn er nicht mehr abgelehnt werden würde. Ich sage dir, das ist wie Alchemie. Da kann aus Scheiße Gold werden."

„Insofern wäre es wohl mein Job dieser unliebsamen Kreatur erst mal etwas vorbehaltloser zu begegnen. Er repräsentiert ja sozusagen meine eigene Verletzlichkeit und Schwäche. Und dann könnte es zu so einer Art Versöhnung oder gar Heilung kommen – im Raum meiner geschundenen Seele. Meinst du das so?"

„Ich glaub schon. Man könnte sogar geneigt sein zu sagen, dass die blaue Blume dir zeigt, dass du – also deine ungeliebte Weichei-Seite … ja, dass die auch etwas Attraktives an sich hat. Ich meine, immerhin darf er mit ihr rummachen. Sie lässt es ja zu, lädt ihn ein, nimmt ihn mit nach oben."

„Dann könnte es also eine Lehre des Traums sein, dass es eine wichtige Entwicklungsaufgabe für mich sein könnte, diesen Typen – der ja irgendwie ein Teil von mir ist – nicht länger abzulehnen, sondern ihn anzuerkennen und mich mit ihm zu versöhnen. Richtig?"

„Warum nicht? Und, um im Bild zu bleiben, könnte das dann auf einen Dreier hinauslaufen."

„Klingt zwar schräg, aber vielleicht entwickelt sich ja was in diese Richtung. Auf jeden Fall sollte ich dabei nicht aus den Augen verlieren, dass die eigentliche Pointe des Traums darin besteht, dass die äußere Blume mich nicht erlösen kann. Allein die innere kann das. Korrekt?"

„Würde ich auch so sagen", bestätigte Eckhart. „Aber offen gesagt bekomme ich allmählich das Gefühl, dass wir aufpassen müssen, nicht in das andere Extrem abzugleiten. Ich meine, beides ist wichtig. Das Innen ist wichtig – und das Außen ist wichtig. Letztlich hat doch auch die äußere Lara diese starken Gefühle und vitalisierende Sehnsucht in dir wachgerufen. Verheerend ist bloß, wenn wir ausschließlich auf das Außen hin orientiert bleiben und unsere innere Wirklichkeit aus den Augen verlieren."

„Was aber weit verbreitet ist."

„Kann schon sein – aber wenn viele das Verkehrte tun, wird es dadurch nicht richtiger."

„Stimmt", antwortete Lukas knapp, als würde er einen Punkt an das Ende eines langen Satzes setzen. Zeit zum Durchschnaufen. Einordnen. Setzenlassen. Nach zwei weiteren Happen Laugencroissant und einem kräftigen Schluck lauwarmem Kaffee war er bereit für die nächste Runde: „Denkst du", so fragte er weiter, „es geht mit der Wechselseitigkeit von Innen und Außen so weit, dass ich erst mit einer äußeren Blume glücklich werden kann, wenn ich es mit der inneren bin? Gibt es einen direkten Zusammenhang zwischen Innenwelt und Außenwelt?"

„Interessante Überlegung. Kann gut sein. Weiß auch nicht, wie direkt oder indirekt diese beiden Welten zusammenhängen. Aber ich bin mir sicher, wenn du die innere Liebesverbindung eingehst, wird das eine Wirkung im Außen haben. Indem du deiner inneren blauen Blume Sorge trägst und Verantwortung für sie übernimmst, befreist du auf jeden Fall schon mal die äußere Blume von deinen Erwartungen und Ansprüchen, die sie eh nicht erfüllen kann. Dann kann deine Lara einfach Lara sein. So wie sie ist. Vielleicht interessierst du dich auch gar nicht mehr für sie, wenn sie für dich keine Erlöserin mehr sein muss."

„Diese Vorstellung finde ich jetzt zwar etwas traurig, aber das hätte schon eine gewisse Folgerichtigkeit. Das muss ich zugeben."

„Wenn sie bei dir bleibt, nachdem du sie sozusagen aus dem Käfig deiner Erwartungen und Ansprüche befreit hast, weißt du wenigstens, dass sie aus freien Stücken bleibt – und nicht aus Angst-, Schuld- oder Pflichtgefühl."

„Hm. So ist das wohl."

„Dann wirst du auch besser damit klarkommen, wenn sie geht. Ich meine – sofern sie nicht mehr für die Erfüllung deiner tiefsten Sehnsüchte verantwortlich ist. Ich glaube fest daran, in dem Maß, in dem du Verantwortung für deine innere Blume übernimmst und dich gut um sie kümmerst, kommt es mit dieser oder jener äußeren Blume, früher oder später, auch gut. Wenn dieses Liebesverhältnis erst einmal in dir stattgefunden hat, dann wird es überall stattfinden können."

„Klingt eigentlich zu schön, um wahr zu sein. Und darum kommt es mir, ehrlich gesagt, auch ziemlich unmöglich vor, diesen Dreier in meiner Seele hinzubekommen. Ich kann zwar alles gut nachvollziehen, was du sagst, aber es kommt mir enorm abgehoben vor – geradezu übermenschlich."

„Ich gebe dir Recht. Es ist schwierig. Schwierig bis unmöglich. Ich selbst ringe schon lange mit diesen Fragen. Sie beschäftigen mich so sehr, dass sie auch mich bis in die Träume verfolgen."

„Raus damit!"

„In diesen Träumen begegne ich regelmäßig einer alten weisen Frau. Ich frage sie nach dem Weg. Die Alte weist ihn mir und sagt, dass ich den richtigen Weg daran erkennen würde, wenn er mich zu einer geschlossenen Tür führt an der ein Schild angebracht ist mit der Aufschrift: *Es ist unmöglich!*"

„Na bravo."

„Der Traum ist ja noch nicht vorbei."

„Dann mach!"

„Also – im Traum ging ich drauflos und als ich diese Tür mit dem Schild entdeckte, so wie sie es mir vorhergesagt hatte, machte ich kehrt und berichtete der alten Weisen von dem Weg und der geschlossenen Tür und dem Schild. Nun forderte sie mich auf, meine fragwürdige Gewohnheit, vor geschlossenen Türen und entsprechenden Hinweisschildern stehen zu bleiben, zu überwinden und noch einmal bis zu dieser Tür zu gehen. Diesmal jedoch sollte ich sie fest aufstoßen. Ich folgte ihrer Anweisung und ging abermals den Weg bis zu dieser Tür. Ich stieß sie auf – mit einem kräftigen Stoß, sodass sie weit aufsprang. Und siehe da: Das Schild mit der Aufschrift *Es ist unmöglich!* verschwand aus meinem Blickfeld und vor mir breitete sich ein schöner breiter Weg aus … ich konnte ungehindert durch die geöffnete Tür hindurchgehen – dem vollen, leuchtenden Mond entgegen."

Krähenruf

Erschöpft sank Lukas aufs Sofa. „Heute habe ich stundenlang geredet, versucht intelligent rüberzukommen und mir fast einen Krampf ins Gesicht gelächelt. Erst bei der Arbeit. Anschließend auf der Weihnachtsfeier. Lara steckt mir noch immer in den Knochen. Und heute Abend, auf dieser mühsamen Feier, eine unerträgliche Ansammlung von Klugscheißern. Diese Fakultät macht mich fertig. Da gibt es kein Blut, kein Fleisch, kein Feuer. Nur der kühle, sterile Hauch des reinen Geistes weht durch die Gänge. Das ist pervers. Findest du nicht?" Ohne eine Antwort abzuwarten, fuhr er fort: „Schon damals, als ich selbst noch als Student dieser lebensfeindlichen Umgebung ausgesetzt war, hatte ich den Eindruck, mir werde mit Gewalt ein Keil zwischen Kopf und Herz getrieben. Keine artgerechte Haltung!"

Eckhart nickte mehrmals und brummelte zustimmend, während er im Sessel hing und versuchte mit dem Daumennagel der rechten Hand Blumenerde unter den Nägeln der linken hervorzuziehen. Da er den lieben langen Tag damit beschäftigt gewesen war seinen Garten winterfertig zu machen, hatte sich einiges angesammelt. Gartenarbeit war eine Tätigkeit, die er von ganzem Herzen liebte. Und er hatte das, was man landläufig einen grünen Daumen nennt. Oder präziser formuliert: ein untrügliches Gefühl für das Potenzial seiner Bäume, Sträucher und Pflanzen – und ein gelingendes Händchen, dieses zur Entfaltung zu bringen. Insofern waren seine Schützlinge für ihn nicht einfach nur beliebige Gewächse, sondern charakterstarke Persönlichkeiten, die der Hässlichkeit der Welt etwas entgegenzusetzen hatten.

Mit seinen Pflanzen, Bäumen und Sträuchern befand er sich in ständigem Dialog. Er betrachtete sie als Teil seines Lebens und sich als Teil ihrer Natur. Jeden Morgen freute er sich darauf, nach ihnen zu schauen und ihnen beim Wachsen und Gedeihen zuzusehen. Selbst im Herbst und im Winter ging er jeden Morgen zu ihnen hinaus, um zu beobachten, wie sie welkten und starben. Sie lehnten sich nicht dagegen auf, sondern nahmen alles an, so wie es war. Er betrachtete sie als kluge Lehrmeister.

So auch die beiden Nebelkrähen, die – Winter um Winter – im Wipfel eines alten Zwetschgenbaumes ihr Nest bezogen. Von Maria, seiner Gartennachbarin, hatte Eckhart über die Lebensweise der Krähen erfahren, dass sie sich ein Leben lang die Treue hielten. Das fand er sehr beeindruckend – „gerade heutzutage", hatte er gesagt, „wo fast jede zweite Ehe geschieden wird." Darüber mussten die beiden sehr lachen.

Aber egal, ob die Raben sich nun ein Leben lang die Treue hielten; auf knorrigen Ästen saßen; in militärischer Manier über den Erdboden stolzierten; oder hoch oben in der Luft Kreise zogen; am allermeisten beeindruckte ihn ihr Krähenruf. Dieses langgezogene Kraar, Kraar – das sie mehrmals hintereinander rhythmisch ausstießen. Darin lag für Eckhart etwas Magisches. Wahrscheinlich, so dachte er, weil über sie erzählt wurde, sie seien auserwählt, um die Sterbenden auf dem Weg in den Tod zu begleiten.

Aber wenden wir uns doch wieder der gerade begonnenen Unterhaltung zu, die von unserem Ausflug in den Garten an der Stelle unterbrochen wurde, wo Eckhart im Sessel hing und damit beschäftigt war, sich Blumenerde unter den Fingernägeln hervorzuziehen. Als Antwort auf Lukas' Schilderungen zur freudlosen Weihnachtsfeier reagierte er nämlich mit einer extrem direktiven Empfehlung, die man ihm – in dieser Form – vielleicht gar nicht ohne Weiteres zugetraut hätte: „In solch einer Situation", so hatte er gesagt, „solltest du aufs Scheißhaus gehen und dir einen runterholen."

„Echt jetzt?!", gab Lukas ungläubig zurück. „Das fällt dir dazu ein?! Ich soll mir einen wichsen?! In dieser Umgebung komm ich nicht mal ansatzweise auf die Idee mir einen von der Palme zu wedeln. Da gibt es nur Hirnwichserei. Sonst gar nichts. Das ist ja das Problem", sagte Lukas kopfschüttelnd. „Aber wie auch immer. Ich habe das Theater mitgespielt – und kam mir vor wie ein Schauspieler, der nicht in seine Rolle findet. Wann, so frage ich mich, war ich heute eigentlich ich selbst?"

„Verstehe", entgegnete Eckhart, während er den Blick von seinen dreckigen Fingernägeln löste und den Kopf etwas anhob. Er benötigte einen Moment, um Lukas' Frage in vollem Umfang aufnehmen zu können.

„Manchmal, wenn es ganz ruhig um mich herum wird", fuhr Lukas fort, „wenn keiner etwas von mir will, dann fange ich an in mich selbst zu horchen."

„Was hörst du dann?"

„Nichts. Da ist einfach Leere. Ich denke mir, da muss doch das Eigentliche in mir tönen – aber es tönt nichts. Mein Gehirn produziert nur einen Haufen Schrott und eine Befindlichkeit löst die andere ab. Aber im Großen und Ganzen ist das Bullshit. Vielleicht, so frage ich mich, ist es ja gar nicht da – das Eigentliche."

„Das Eigentliche", wiederholte Eckhart nachdenklich. „Heute redet man sehr viel darüber, wie wichtig es ist, authentisch zu sein."

„Ich habe gegoogelt, was das Wort authentisch eigentlich bedeutet", sagte Lukas.

„Und?"

„Das kommt vom griechischen Wort authenticos und heißt ganz einfach ‚echt' – im Sinne der Übereinstimmung vom Schein und Sein einer Sache. Authentisch sein meint dann wohl, dass ich meine wahren Gefühle und Bedürfnisse nicht verstecke, sondern preisgebe, was mich bewegt."

„Ist das nicht auch die Voraussetzung für Freundschaft?"

„Ich denke schon. Und Freundschaft wiederum scheint mir der ideale Nährboden, damit sich diese Wahrhaftigkeit entwickeln kann", fuhr Lukas fort. „Denn um sich zeigen zu können, braucht es einen angstfreien Raum, in dem nicht verurteilt wird."

„Und Mitgefühl", ergänzte Eckhart.

„Und manchmal kracht's auch", sagte Lukas. „Macht aber nichts. Denn wo wir uns immer nur schonen, findet kein Wachstum statt."

„Stimmt." Bestätigte Eckhart.

„Das alles wird einem im Normalfall aber nicht so einfach in die Wiege gelegt."

„Es ist auch noch kein Meister vom Himmel gefallen", sagte Eckhart – „und falls doch, dann hat er sich beim Aufschlag das Genick gebrochen."

„Hm. So betrachtet hat mir unsere Freundschaft auch schon, das ein oder andere Mal, fast das Genick gebrochen. Wenn du mich mit Einsichten konfrontiert hast, die für mich nicht immer leicht auszuhalten waren."

„Ich glaube, ich weiß, was du meinst."

„Kein Ding. Ich hab übertrieben. Bin natürlich froh, dass wir offen miteinander reden."

„Mir fällt eine Geschichte ein."

„Erzähl!"

„Zwei Freunde wanderten durch die Wüste. Während der Wanderung kam es zu einem Streit und der eine beschimpfte den anderen aufs Ärgste.

Der Beschimpfte war gekränkt. Ohne ein Wort zu sagen, kniete er nieder und schrieb folgende Worte in den Sand: *Heute hat mich mein bester Freund verletzt.*

Sie setzten ihre Wanderung fort und kamen zu einer Oase. Dort beschlossen sie ein Bad zu nehmen. Der Freund, der geschlagen worden war, blieb im Schlamm stecken und drohte zu ertrinken. Der andere eilte ihm zur Hilfe und rettete ihm buchstäblich in letzter Sekunde das Leben.

Nachdem sich der Freund, der fast abgesoffen wäre, wieder erholt hatte, kniete er sich vor einen großen Stein und ritzte folgende Worte hinein: *Heute hat mein bester Freund mir das Leben gerettet.*

Der Freund, der den anderen geschlagen und auch gerettet hatte, fragte: „Als ich dich beschimpfte, hast du deinen Satz in den Sand geschrieben. Nun ritzt du die Worte in den Fels. Warum?"

„Wenn uns jemand gekränkt oder beleidigt hat, sollten wir es in den Sand schreiben, damit der Wind des Verzeihens es wieder auslöschen kann. Aber wenn jemand etwas tut, was gut ist, dann sollten wir es in Stein meißeln, damit kein Wind und kein Sturm es je auslöschen wird."

Die Quelle

„Gestern bist du gestorben, nicht wahr?"

„So ist es. Genau vor einem Jahr, in der Nacht zum Heiligen Abend, entschied ich mich so zu leben, als hätte ich die Gewissheit in exakt einem Jahr zu sterben. Hier, vor dem Ofenfeuer, entschied ich mich für das Experiment." Lukas sagte dies, währendem er seine Beine auf dem Küchenstuhl ausstreckte und sich die Füße am Ofen wärmte.

Über einen Bluetooth-Lautsprecher erklang weihnachtliche Musik. Lukas hatte seinen Lieblingssender eingestellt. Es wurde das Weihnachtsoratorium von Johann Sebastian Bach angekündigt. Eine Live-Übertragung aus der Herderkirche in Weimar. Dirigiert vom großen John Eliot Gardiner.

„Classic FM. Listen to the world's greatest music", sagte eine angenehm klingende Frauenstimme im Radio.

Dann der triumphierende Auftakt.

„Jauchzet, frohlocket, auf, preiset die Tage!" Pauken, Trompeten, Fanfaren. Gewaltiges Opus. Gänsehaut.

Unwillkürlich fingen Lukas' Füße an sich zu bewegen. Dabei zeichneten sie Linien in die Luft, die den Schlagfiguren eines Dirigenten nachempfunden waren. Die große rechte Zehe als Taktstock. Die bloßen Füße beim Dirigieren beobachtend, richtete er das Augenmerk auf seine Zehennägel. Dass sie nie zu lang wurden, darauf war er stets bedacht. Lukas fand nämlich, dass man bei den Unwägbarkeiten des Daseins nie wissen konnte, was als Nächstes passieren würde. Mit dem regelmäßigen Schneiden seiner Zehennägel fühlte er sich, zumindest diesbezüglich, auf der sicheren Seite.

„Lasset das Zagen, verbannet die Klage", erklang es aus dem Bluetooth-Lautsprecher. Ein Meisterwerk. Himmel der Musik. Bach ist König.

Lukas unterbrach seine Tätigkeit als Fußdirigent für einen Moment und sagte, Eckhart zugewandt: „Dieser Abend war außergewöhnlich für mich. Ich war in einer außergewöhnlichen Stimmung. Ich erinnere mich, wie ich an eine Straßenlaterne klopfte, um zu prüfen, ob sie aus hartem Stahl oder nicht doch vielleicht aus Traummaterial war. Es war der Abend, an dem ich Lara zum ersten Mal traf. Weißt du noch?"

Im Hintergrund lieblicher Gesang: „Bereite dich, Zion, mit zärtlichen Trieben/Den Schönsten, den Liebsten bald bei dir zu seh'n!"

„Klar, weiß ich noch", entgegnete Eckhart. „Wir sind uns kurz zuvor über den Weg gelaufen und dann bei ihr einen trinken gegangen. Aber die Weinkrüge, die sie brachte, waren nie richtig voll. Dir hat sie aber trotzdem den Kopf verdreht."

„Oh ja – und wie! Bereits diese erste Begegnung mit ihr – die hat enorm was mit mir gemacht. Rückblickend würde ich sogar sagen, dass ich dieses Experiment nur deswegen einging, weil Lara in mir den Glauben stärkte, dass es so etwas wie ein erfülltes, gelingendes und glückliches Leben geben kann. Und in meiner damaligen Vorstellung hätte sich diese Hoffnung in einem Leben mit ihr erfüllt. Ich glaube, allein deshalb habe ich mich getraut, mir diese Frage, in dieser Radikalität, zu stellen: Was ist der Sinn von diesen paar Jahrzehnten, die wir auf diesem unbedeutenden Staubkorn am Rande des Universums herumlatschen?"

„Interessant", sagte Eckhart, mit forschendem Klang in der Stimme. „Und – wie stehst du heute, sozusagen an deinem Todestag, zu dieser Frage? Hat dir dein Experiment irgendwie weitergeholfen?"

„Die Dinge haben sich jedenfalls anders entwickelt, als ich mir das vorgestellt hatte. Zwar ging ich nicht davon aus, dass es ein Spaziergang durch einen Garten werden würde, aber insgeheim glaubte ich doch, dass mich das Leben beschenken würde, wenn ich mich erst voll darauf einließe. In der Vergangenheit hatte ich öfter das Gefühl, dass mich das Leben belohnt, wenn ich mutige und lebensbejahende Entscheidungen treffe. Dass ich dann aber derart auf die Fresse kriege, damit hätte ich nicht gerechnet."

„An Intensität hat es dir im zurückliegenden Jahr zumindest nicht gemangelt, um es mal vornehm auszudrücken."

„Da hast du Recht. Über einen Mangel an Intensität brauche ich mich wirklich nicht zu beklagen. Aber um deine Frage zu beantworten, ob mir das Experiment etwas gebracht hat oder nicht – dazu müsste ich etwas weiter ausholen."

„Nur zu!"

„Vor einem Jahr jedenfalls, da steckte ich, zumindest unterschwellig, in einer Krise. Von außen betrachtet schien ich alles zu haben; und von daher gab es für mich keinen erkennbaren Grund zur Klage. Trotzdem hatte ich immer wieder das nagende und tief sitzende Gefühl, dass irgendetwas in meinem Leben nicht stimmte; dass es mir an irgendetwas Entscheidendem mangelte. Also machte ich mich auf die Suche, ohne genau zu wissen, wonach. Letztlich suchte ich wohl das Glück, wie dies vermutlich alle anderen auch tun – auf mehr oder weniger bewusste Weise. Ich suchte es in angenehmen Erlebnissen wie gutem Essen, Reisen, sozialer Anerkennung, Sex, Drugs and Rock'n'Roll – und natürlich in der Liebe, mit all den romantischen Gefühlen und tollen Erfahrungen, die man landauf, landab so gerne hat. Dies alles bedeutet für mich auch ein Stück vom Glück. Es hielt aber nie lange vor. Daher ging ich davon aus, dass ich einfach mehr davon bräuchte. Es kam aber immer wieder Leere. Und die versuchte ich zwanghaft zu füllen oder zu vermeiden und mich mit noch mehr Aktionismus zuzuballern. Unangenehmen Gefühlen wie Angst, Leid, Einsamkeit, Trennung, Trauer und Liebeskummer versuchte ich, so gut es ging, aus dem Weg zu gehen. In diesem Jahr jedoch, da wollte ich mich dem Leben stellen, so wie es ist, ohne Abzug. Mit allem, was dazugehört. Ich war bereit, mich darauf einzulassen."

„Du warst extrem erfahrungsoffen unterwegs", sagte Eckhart – „hattest auf deiner Reise durch das Experiment, die ja im Wesentlichen ein vorbehaltloses Eintauchen in die Beziehung zu Lara war, prächtige Höhenflüge, aber so verzweifelt und auf der Schnauze wie in diesem Jahr habe ich dich auch noch nie erlebt."

„So ist es. Und darum, jetzt – am Ende meines Experiments angelangt – neige ich sehr dazu, meine Suche anders zu beschreiben."

„Wie meinst du das?"

„Ich suche nicht mehr das Glück, sondern das Heil. Und mit heil sein oder ganz sein meine ich etwas ganz anderes als mit glücklich sein. Ich meine damit, dass meine Unzufriedenheit und mein immer wiederkehrendes Leeregefühl vor allem darin gründeten, dass mir bislang etwas Entscheidendes gefehlt hat."

„Was glaubst du denn, was dir fehlt – oder gefehlt hat?"

„Ich glaube, nein ich bin mir sicher, dass ich spirituell extrem unterernährt bin. Obwohl ich meine religiösen oder transzendenten Grundbedürfnisse – irgendwie behagen mir diese Wörter nicht – über weite Strecken nicht einmal richtig spürte. Die Symptome dieser Unterernährung nahm ich aber trotzdem wahr. Nur ihren Ursprung habe ich nie richtig erkannt. Darum versuchte ich den Mangel am falschen Ort zu stopfen. Und das hat es nicht besser gemacht. Langfristig sogar noch schlimmer. Heute aber bin ich fest davon überzeugt, dass ich an einer spirituellen Form der Mangelernährung leide. Ich würde sogar so weit gehen und behaupten, wenn ich meine Spiritualität oder Transzendenz oder Religiosität – oder welches bescheuerte Wort auch immer man dafür verwenden mag – ja, wenn ich das vernachlässige, dass ich dann auf jeden Fall genauso einer mangelbedingten Krankheit verfalle, wie wenn ich den körperlichen Bereich vernachlässige. Ich bin mir sicher, ich brauche einen Zugang zu einem nährenden Lebenssinn und zu einem Gefühl der Geborgenheit im Sein, in dem ich mich verbunden, sicher und aufgehoben fühlen kann."

„Klingt interessant – kannst du mir mehr darüber erzählen?"

„Heute Nacht hatte ich einen eigenartigen Traum, der vielleicht ganz gut auf den Punkt bringt, worum es mir geht."

„Schieß los!"

„Ich träumte davon, in einer Wolke zu sein. Zunächst fühlte ich mich darin aufgehoben und geborgen. Mit der Zeit wurde die Wolke aber immer grauer und ich empfand sie zunehmend als einengend und als Last. Schließlich wollte ich mich aus der

Wolke befreien. Also begann ich mich von der Wolke abzusondern und verdichtete mich langsam zu einem Tropfen, der bald schwer genug war, um aus ihr herauszufallen. Als ich dann, aus ihr herausgetropft, durch die Luft brauste, war ich wie berauscht von der Freiheit, der schier endlosen Weite und dem frischen Wind um meine Ohren. Der ganze Himmel stand mir zur Verfügung und überall sausten andere Tropfen mit mir durch die Lüfte. Wir tanzten und spielten miteinander und ich wurde immer schneller und schneller und eilte mit all den anderen durch den Himmel.

Irgendwann jedoch wurde mir kühl und aus dem übermütigen Tanz wurde immer öfter ein Zusammenprallen. Ich begann mich wie ein einsamer Tropf zu fühlen und sehnte mich nach meiner Wolke. Ich hatte Heimweh nach ihr. Ich wollte zu ihr zurück. Das ging aber nicht. Es gab kein Zurück. Also suchte ich die Nähe zu anderen Tropfen. Aber die, denen ich nahe sein wollte, bewegten sich von mir fort. Dafür kamen andere auf mich zugeschossen. Ich fürchtete, sie wollten mich auffressen. Ihnen versuchte ich zu entfliehen. Es gab aber auch ganz besonders schöne Tropfen, die mir viel schöner und besonderer vorkamen als all die anderen. Von ihnen fühlte ich mich magisch angezogen – und so kam es bisweilen vor, dass wir zusammen fielen. Gemeinsam war die Reise schöner. Ich fühlte mich dann nicht mehr allein. Aber irgendwann geschah es und wir trennten uns voneinander. Keine Ahnung, warum. Es geschah einfach. Und es tat unsäglich weh. Danach war ich nicht mehr derselbe und fühlte mich einsamer als je zuvor.

Die anderen Tropfen gaben mir den Rat nach vorne zu schauen. ‚Es geht weiter', sagten sie. Und so blickte ich nach vorne und es ging weiter. Dann erkannte ich, dass vor mir, ja vor uns allen, ein riesiger Ozean wartete, auf den wir alle unaufhaltsam zurasten und auf den wir bald aufschlagen und darin versinken würden. Das herannahende Ende meiner Reise stand mir deutlich vor Augen. Nicht viel Zeit war vergangen und ich konnte bald schon hören, wie die Tropfen vor mir auf der Oberfläche es Ozeans aufschlugen. Mir wurde klar, dass auch ich diesem Schicksal nicht entgehen würde – ja, dass niemand von uns diesem Schicksal würde entgehen können. Dann der Aufprall. Platsch! Das Ende kam schneller als erwartet."

Eckhart hörte mit voller Aufmerksamkeit zu. Nachdenklich zog er die Augenbrauen nach oben und nickte dabei kaum merklich mit dem Kopf.

„Aber dann", so fuhr Lukas fort, „nahm die Geschichte eine unglaubliche Wendung. Denn der Aufschlag auf dem Wasser war nicht das Ende der Reise, sondern vielmehr eine Begegnung mit etwas, das mir urvertraut war. Es war, als sei ich in meine Mitte zurückgefallen. Eine riesige Last glitt von mir ab. Alles wurde leicht. Ich fühlte mich zu Hause angekommen, sogar noch mehr zu Hause als einstmals in der Wolke. Auf einen Schlag durchdrang mich – wie soll ich sagen … auf einen Schlag durchdrang mich … die Fülle des Seins … die Fülle des Lebens. Es ging keine Tür zu, sondern ein Tor öffnete sich."

Lukas' Gesicht begann aufzuleuchten. Dann fiel er in ein langes und seelenvolles Schweigen.

Zu hören war nur eine Arie: „Schlafe, mein Liebster, genieße der Ruh, …"

Nach einer zeitlosen Weile bemerkte Lukas, wie sehr Eckhart ihm mit ganzer Hingabe zuhörte. Lukas fühlte Eckharts Zuhören stärker als jemals zuvor. Er lauschte selbst dann noch, als Lukas schwieg. „Eckhart versteht das Zuhören wie kaum ein anderer", dachte Lukas, nachdem er aus der Gedankenstille wieder aufgetaucht war. Denn auch ohne dass Eckhart irgendetwas tat, spürte Lukas, wie er die Worte und selbst noch das Schweigen in sich aufnahm. Lukas empfand, welches Glück es doch war, solch einen Freund zu haben.

Schließlich öffnete Eckhart die Augen und suchte fragend nach Lukas' Blick. Dabei löste sich eine Träne, die langsam über seine Wange glitt.

Angerührt durch Eckharts Träne, fuhr Lukas fort: „Versunken in das Gefühl tiefer Geborgenheit fiel ich abermals in den Schlaf. Es war ein tiefer und traumloser Schlaf. Ich vermag nicht zu sagen, wie lange ich schlief. Als ich erwachte, dachte ich, es wären Jahre vergangen. Ich empfand eine durchdringende innere Ruhe. Es war ein Morgen wie im Frühling. Ich wusste kaum, wer ich war. Ich erinnerte mich nur an meine Reise als Tropfen. Und wie ich ins Meer gestürzt war. Daran konnte ich mich noch erinnern. Mir war, als ob ein ganzes Leben hinter mir lag. Ich glaube, noch niemals hat ein Schlaf mich so erneuert, so erfrischt. Ich lag da wie ein Baby, das – zu unschuldigem Bewusstsein erwacht – in eine neue, unverbrauchte Welt hinein blickt.

„Vielleicht bin ich gestorben?", fragte ich mich. „Vielleicht bin ich gestorben und wiedergeboren als jemand anderes? Vielleicht bin ich auch gestorben und im Jenseits gelandet?" Ich wusste es nicht. Nur eines wusste ich. Dass ich nicht mehr zurück wollte, in das wahnsinnige Treiben meines alten Lebens. Denn dieses Leben hatte ich ausgekostet. Es schien mir öde und leer. Voll von Unruhe. Voll von Schmerz. Voll von Tod. Mein zurückliegendes Leben kam mir vor wie ein vollgekotzter Stadtpark. Es ekelte mich an, weil es kaum einen Dreck gab, mit dem ich mich nicht beschmutzt hatte.

Jetzt hingegen fühlte ich mich sauber, freudig und ausgeschlafen. Ich empfand ein Gefühl tiefer innerer Freude und Freiheit. Auf meine Bettdecke fiel ein Sonnenstrahl. Aus allen Fenstern strömte Licht ins Zimmer. Auch die junge Birke vor dem Fenster erstrahlte in goldenem Licht. Ihre welken Blätter leuchteten in warmen Tönen. Ich roch den Duft der frischen Laken. Ich hörte das Zwitschern der Vögel. Auch hörte ich ein leises Rauschen. Das leise Rauschen einer Quelle.

Alles war einfach – so wie es war. Und es war gut so. In jedem Ding pulsierte die Magie der Unendlichkeit. Jede Form, jeder Duft, jeder Laut kam mir vor wie ein Ausdruck tiefer zauberhafter Ewigkeit. Ich fühlte mich wie rein gewaschen. Die Luft war frisch und die Sonne wärmte mich. Ich hatte den Eindruck in einen umfassenden und tiefen Lebenssinn hineingefallen zu sein – als wäre ich, nach einer langen Reise, endlich zu Hause angekommen. Endlich daheim! Ich fühlte mich heil. Jede Kleinigkeit kam mir vor wie Teil von etwas Großem. Gutes und Böses. Altes und Neues. Leben und Tod. Alles Teil eines Ganzen. Und es war gut so.

Mir dämmerte, dass dieser Lebenssinn in der Tiefe des Seins schon immer da gewesen sein musste – nur dass ich es nie wirklich begriffen hatte. Nun aber wurde mir klar, dass weder ich, noch irgendjemand je aus dieser grundlegenden Geborgenheit herausfallen konnte."

Im Tonfall tief sitzender innerer Überzeugung fügte Eckhart hinzu: „Wir können *Es* nur vergessen oder blind und taub dafür werden, aber *Es* ist immer da. Ich glaube, es gibt kein größeres Heilmittel als diesen tiefsten Wesensgrund, der uns alle miteinander verbindet. Aber erzähl mir bitte noch ein wenig mehr von der Quelle. Du erwähntest das leise Rauschen einer Quelle."

„Als ich das Rauschen der Quelle vernahm, folgte ich ihrem Ruf. Sie führte mich in einen sonnenbeschienenen Garten. In einen wilden Garten – wie in einer südlichen Gegend, mit Pinien und hellen Steinen. Dort entdeckte ich die Quelle und setzte mich an ihren Rand. Und ich sage dir, Eckhart, es war keine Illusion und auch kein Traum. Ich war bereits erwacht. Es war Wirklichkeit, reine Wirklichkeit. Und in dieser Wirklichkeit sprudelte die Quelle. Sie war gefasst in weiße, warme Steine. Und als ich dasaß, im Halbschatten eines Baumes, blickte ich tief in sie hinein. Und die Quelle blickte in mich hinein. Sie rührte sanft an mein Herz. ‚Wie unendlich froh bin ich, dass ich hier sein kann', sagte ich mir – auch wenn ich nicht genau sagen konnte, was *hier* sein bedeutet. Es war ein Ort jenseits von Raum und Zeit und dennoch realer als alles, was mir je widerfuhr.

Kannst du sagen, dass du mir glaubst?", fragte Lukas.

„Ich glaube es von ganzem Herzen", entgegnete Eckhart, ohne zu zögern.

Lukas nickte. „Noch nie zuvor habe ich die Musik und die Sprache des Wassers so deutlich, so stark und so schön vernommen. Sie sprudelte fröhlich und unaufhörlich vor sich hin. Das Wasser, das aus ihr hervorsprudelte, war jeden Augenblick neu und anders und doch war es immer dieselbe Quelle. Ich fühlte mich von allen Seiten und Zeiten des Lebens zugleich umspült. Ich fühlte eine tiefe Liebe zu dieser sprudelnden Quelle und ich spürte den Entschluss, sie nicht so bald wieder zu verlassen … ich hatte die tiefe innere Gewissheit immer wieder zu ihr zurückkehren zu können. Das machte mich glücklich. Ich fühlte mich sicher und geborgen in ihrer Nähe."

Lukas fiel erneut in ein bewegtes Schweigen.

Eckhart hörte ihm erneut dabei zu.

„Ich verstehe sehr gut, worüber du sprichst", sagte Eckhart endlich, nachdem er Lukas lange genug beim Schweigen zugehört hatte. „Die Quelle des Lebens ist uns näher als die eigene Halsschlagader."[8]

„Näher als die eigene Halsschlagader", wiederholte Lukas, indem er jedes Wort langsam und mit Sorgfalt aussprach – als würde er eine heilige Formel wiederholen: „Weißt du, was ich glaube?", sagte er schließlich: „Wenn wir die Quelle des Lebens in uns verstehen, dann werden wir alles verstehen. Darin erschließt sich uns der große Lebenssinn; darin eröffnet sich uns das große Geheimnis des Lebens."

„Die Quelle weiß alles", antwortete Eckhart behutsam. „Von ihr können wir unaufhörlich lernen. Vor allem aber lernen wir von ihr das Zuhören, mit geöffneter Seele und ohne Vorurteil und Meinung. Für sie gibt es kein Gut und kein Böse, keine Vergangenheit und keine Zukunft. Sie ist einfach da. Die Quelle ist überall. Sie ist im Ursprung und in der Mündung; in der Wolke und im Regen; im Nebel und im Meer; im Garten und in den Straßen; in unserem Atem und in unseren Fürzen; in dem Kaffee, den wir trinken, und in diesem harten Stuhl, auf dem mir der Arsch wehtut. Sie ist überall. Sie ist in uns. In jedem Ding. Immer gegenwärtig. Immer da."

Lukas lächelte.

Eckhart lächelte auch.

„Es ist gut, dass du die Quelle gefunden hast. Das ist sehr gut."

„Ja. Es ist gut. Es ist sehr gut. Meine Reise durch das Jahr führte mich letztlich also zu dem, was verschüttet und überlagert war, was ich vergessen und verdrängt hatte. Zu etwas, das mir

---

[8] Angelehnt an einen Vers im Koran: 50,16.

im Leben ganz wesentlich abhandengekommen war und gefehlt hat. Zu der Essenz des Lebens, zu der ich den Zugang verlor."

Eckhart öffnete mit einer sanften, fast segnenden Bewegung seine Hand – so als ob er Lukas ein unsichtbares Geschenk überreichen würde. „Nun hast du die Quelle des Lebens in dir entdeckt", sagte er – „und mit ihr ein Gefühl der Ewigkeit und Unzerstörbarkeit allen Lebens."

Lukas war kein Mensch, der nahe am Wasser gebaut war. Daher weinte er nur selten. Jetzt aber wurden seine Augen tränenfeucht. „Ich glaube, es gibt ein Wort, das auf diese Erfahrung hindeutet", sagte er, mit einem leichten Beben in der Stimme. „Es ist ein Wort, das ich lange nicht benutzt und wohl nie richtig verstanden habe. Ich glaube, es ist das Wort Gott … oder besser – Liebe?"

Die letzten Töne des hochfestlichen Abschlusschorales erklangen: „Herrscher des Himmels, erhöre das Lallen/Lass dir die matten Gesänge gefallen …"

Dann Pause.

Gefolgt von Applaus.

Fadeout …

"Listen to the world's greatest music. Happy Christmas! On Classic FM."

Textnachweise

Das Experiment
Inspiriert durch Irvin D. Yalom: Existentielle Psychotherapie, 1989.

Mörderschlange
Inspiriert durch die Geschichte: „Die Todesliste des Bären". Verfasser unbekannt. Zu finden unter: http://www.zeitblueten.com/news/die-todesliste-des-baeren

Der Elefant
Inspiriert durch die Geschichte: „Der angekettete Elefant", von Jorge Bucay. In: „Komm, ich erzähl dir eine Geschichte". Hamburg. 18. Auflage, 2016.

Krähenruf
Die Geschichte von den zwei Freunden in der Wüste. Verfasser unbekannt. Zu finden unter: http://www.zeitzuleben.de/die-geschichte-von-zwei-freunden

Utopia
Inspiriert durch einen Reisebericht, erschienen in: Philosophie-Magazin. Nr. 3. April/Mai 2016.

Die Quelle
Inspiriert durch: Siddhartha. Eine indische Dichtung. Hermann Hesse. Erstmals als Buch erschienen im Herbst 1922.

novum VERLAG FÜR NEUAUTOREN

Bewerten
Sie dieses **Buch**
auf unserer
Homepage!

www.novumverlag.com

Der Autor

Dr. Klaus Itta, 1970 im Schwarzwald geboren. Nach einer Ausbildung zum Werkzeugmacher studierte er Philosophie, Psychologie und Soziale Arbeit – in Wien, Freiburg und Basel. Zahlreiche Reisen durch Afrika, Lateinamerika und Indien prägten sein Denken, Wahrnehmen und Fühlen. Heute lebt und arbeitet er in Basel.

novum VERLAG FÜR NEUAUTOREN

Der Verlag

*Wer aufhört
besser zu werden,
hat aufgehört
gut zu sein!*

Basierend auf diesem Motto ist es dem novum Verlag ein Anliegen neue Manuskripte aufzuspüren, zu veröffentlichen und deren Autoren langfristig zu fördern. Mittlerweile gilt der 1997 gegründete und mehrfach prämierte Verlag als Spezialist für Neuautoren in Deutschland, Österreich und der Schweiz.

Für jedes neue Manuskript wird innerhalb weniger Wochen eine kostenfreie, unverbindliche Lektorats-Prüfung erstellt.

Weitere Informationen zum Verlag und
seinen Büchern finden Sie im Internet unter:

w w w . n o v u m v e r l a g . c o m